# A ESSÊNCIA DAS RELIGIÕES

## A ARTE DE VIVER

Coleção Pensamentos e Textos de Sabedoria

# A Essência das Religiões

A ARTE DE VIVER

*A essência da sabedoria dos grandes gênios de todos os tempos*

LIVRO | MARTIN CLARET | CLIPPING

# Créditos



**Idealização e Realização**
Martin Claret

**Capa**
*Cristo de São João da Cruz* (detalhe), Salvador Dalí

**Miolo**
Revisão
*Rosana Citino*

Direção de Arte
*José Duarte T. de Castro*

Digitação
*Conceição A. Gatti Leonardo*

Editoração Eletrônica
*Editora Martin Claret*

Fotolitos em Editoração Eletrônica
*ERJ Informática Ltda.*

Papel
*Off-Set Champion,75g/m²*

Impressão e Acabamento
*Paulus Gráfica*

Editora Martin Claret Ltda. - R. Alegrete, 62 - Bairro Sumaré
CEP 01254-010 - Tel.: (011) 262-8144 - Fax: (011) 263-7146
São Paulo - SP

Agradecemos a todos os nossos amigos e colaboradores — pessoas físicas e jurídicas — que deram as condições para que fosse possível a publicação deste livro.

# Seja profeta de si mesmo

## *Martin Claret*

*"A função derradeira das profecias não é a de predizer o futuro, mas a de construí-lo."*

## Somos criaturas programáveis

*Caro leitor: não é por acaso que você está lendo este livro-*clipping*. Nada acontece por acaso. Tudo acontece por uma causa.*

*Possivelmente a causa de você o estar lendo seja a sua vontade de obter mais informações ou expandir a sua consciência. A causa, também, pode ser a força da minha mentalização.*

*Cientistas, antropólogos, psicólogos e educadores têm afirmado que o ser humano é uma criatura culturalmente programada e programável.*

*Eis uma grande verdade.*

## Seu *hardware* e seu *software*

*Nosso cérebro e nosso sistema nervoso — o nosso* hardware *(a máquina) — é mais ou menos igual em todas as pessoas. A grande diferença que faz a diferença é o que está gravado ou programado no cérebro, isto é, o nosso* software *(o programa).*

*Explicando de uma maneira extremamente simplificada, você tem três tipos de programação: 1º) a programação genética (o instinto); 2º) a programação sócio-cultural (família, amigos, escola, trabalho, líderes espirituais e políticos, livros, cinema, TVs, etc.); 3º) a autoprogramação ou a programação feita por você em você mesmo.*

*Na primeira programação você não tem nenhum controle; na segunda, tem controle parcial; e na terceira programação você tem controle total.*

*É fundamental que você saiba, conscientemente, controlar o terceiro tipo de programação, ou seja, a autoprogramação.*

## Um método de autoprogramação humana

*Todos os livros-*clippings *da coleção* Pensamentos e Textos de Sabedoria *foram construídos para conduzir você a se autoprogramar para um estado de ser positivo, realístico e eficiente.*

*Depois de longa pesquisa e vivência — análise e intuição — concluí que há, e sempre houve, um método simples e seguro de autoprogramação.*

*As informações adquiridas por meio da leitura de "historinhas", parábolas, fábulas, metáforas, aforismos, máximas, pensamentos, etc., podem, eventualmente, atingir seu subconsciente sem passar pelo crivo do consciente analítico e bloqueador. Esta prática permite, sem grande esforço, implantar em seu sistema automático perseguidor de objetivos uma programação incrivelmente podero-*

*sa e geradora de ação.*

*Sabemos — o grande objetivo da educação não é apenas o* saber, *mas a* ação.

*Um dos maiores Mestres de nosso tempo e um gênio na Arte de Viver, formalizou com incrível simplicidade este princípio quando ensinou: "Pedi e vos será dado; buscai e achareis; batei e vos será aberto. Pois todo o que pede, recebe; o que busca, acha; e ao que bate, se abrirá."*

*Hoje, em plena era da informática, com a conseqüente revolução da comunicação, estamos compreendendo esses eficientes recursos que temos inerentemente dentro de nós.*

## Um livro "vivo" e motivador

*A coleção* Pensamentos e Textos de Sabedoria *foi idealizada e construída para nos programar (autoprogramar) para a plenitude da vida. São 72 volumes de 128 páginas, no formato de bolso 11,5 x 18 cm, com textos essencializados, de alta qualidade gráfica, periodicidade mensal, baixo custo e distribuição em nível nacional.*

*Este livro começa onde o leitor o abrir. Ele não tem início nem fim. Pode continuar na nossa imaginação.*

*A essência da sabedoria dos grandes mestres espirituais, líderes políticos, educadores, filósofos, cientistas e empreendedores está aqui reunida de uma maneira compacta e didaticamente apresentada.*

*Buscamos a popularização do livro.*

*A foto e o pequeno perfil biográfico do autor de cada pensamento têm a função de facilitar a visualização do leitor. As "historinhas", ou "cápsulas" de informação, estão apresentadas com extrema concisão. Os 36 primeiros volumes abordam os mais importantes assuntos do conhecimento humano; os 36 volumes restantes focalizam 36 personalidades que mais influíram no nosso modo de pensar. Cada título da coleção* Pensamentos e Textos de Sabedoria *é um livro "vivo", motivador e transformador. Oferecemos o livroterapia.*

## Uma paixão invencível

*Minha permanente paixão cultural (já o disse em outros trabalhos) é ajudar as pessoas a se auto-ajudarem. Acredito ser esta minha principal vocação e missão. Quero "claretizar" as pessoas, ou seja, orientá-las no sentido de que vivam plenamente e tenham uma visão univérsica do mundo. Que sejam e que vivam harmonizadamente polarizadas.*

*Você tem o poder de genializar-se.*

*Este é o meu convite e o meu desafio lançado a você, leitor. Participe do "Projeto Sabedoria" e seja uma pessoa cosmo-pensada e auto-realizada.*

*"Pensar que É faz realmente SER".*

*Leitor amigo: vamos, juntos, construir uma poderosa força sinérgica para o nosso desenvolvimento pessoal e para o desenvolvimento de todas as pessoas de boa vontade.*

*Comece rompendo seus limites, modelando os grandes gênios. Visualize-se como já sendo "um vencedor do mundo".*

*Seja profeta de si mesmo.*

JOSÉ DA SILVA MARTINS - Escritor e empresário, nascido em Braga (Vila Verde), Portugal. Por vários anos foi presidente de importante indústria francesa no Brasil. Está no *Guiness Book*, o livro dos recordes, como o escritor brasileiro mais idoso por publicar seu primeiro livro, *Sabedoria e Felicidade*, aos 84 anos de idade. É autor, também, dos livros: *Santo Antônio de Lisboa, de Coimbra, de Pádua e de Todo o Mundo* e *Bach, sua Vida e o Cravo Bem-Temperado.* (1898 - )

"A primeira missão das religiões é provar que existe Deus que nos criou e que, se o nosso corpo físico é perecível, a nossa alma é eterna. Provar também que Deus, pela sua imensidade, está em tudo que existe. E sobre o respeito que devemos ter por Deus e a reverência que a Ele devemos consagrar."

# Religião

*Enciclopédia Nova Barsa*

O medo do desconhecido e a necessidade de dar sentido ao mundo que o cerca levaram o homem a fundar diversos sistemas de crenças, cerimônias e cultos — muitas vezes centrados na figura de um ente supremo — que o ajudam a compreender o significado último de sua própria natureza. Mitos, superstições ou ritos mágicos que as sociedades primitivas teceram em torno de uma existência sobrenatural, inatingível pela razão, equivaleram à crença num ser superior e ao desejo de comunhão com ele, nas primeiras formas de religião.

Religião (do latim *religio*, cognato de *religare*, "ligar", "apertar", "atar", com referência a laços que unam o homem à divindade) é como o conjunto de relações teóricas e práticas estabelecidas entre os homens e uma potência superior, à qual se rende culto, individual ou coletivo, por seu caráter divino e sagrado. Assim, religião constitui um corpo organizado de crenças que ultrapassam a realidade da ordem natural e que tem por objeto o sagrado ou sobrenatural, sobre o qual elabora sentimentos, pensamentos e ações.

Essa definição abrange tanto as religiões dos povos ditos primitivos quanto as formas mais complexas de organização dos vários sistemas religiosos, embora variem muito os conceitos sobre o conteúdo e a natureza da experiência religiosa. Apesar dessa variedade e da universalidade do fenômeno no tempo e no espaço, as religiões têm como característica comum o reconhecimento do sagrado (definição do filósofo e teólogo alemão Rudolf Otto) e a dependência do homem de poderes supramundanos (definição do teólogo alemão Friedrich Schleiermacher). A observância e a experiência religiosas têm por objetivo prestar tributos e estabelecer formas de submissão a esses poderes, nos quais está implícita a idéia da existência de ser ou seres superiores que criaram e controlam o cosmos e a vida humana.

Aquelas características, que de certa forma não distinguem uma religião de outra, levaram ao debate sobre religião natural e religião revelada; o que recebeu significação especial nas teologias judaica e cristã. O americano Mircea Éliade, historiador das religiões, denominou "hierofania" a essa manifestação do sagrado, ou seja, algo sagrado que é mostrado ao homem. Seja a manifestação do sagrado uma pedra ou uma árvore, seja a doutrina da encarnação de Deus em Jesus Cristo, trata-se sempre de uma hierofania, de um ato misterioso que revela algo completamente diferente da realidade do mundo natural, profano.

Por mais que a mentalidade ocidental moderna possa repudiar certas expressões rudimentares ou exóticas das religiões primitivas, na realidade a pedra e a árvore não são adoradas enquanto tais, como expressões de algo sagrado, que paradoxalmente transforma o objeto numa outra realidade. O sagrado e o profano configuram duas modalidades de estar no mundo e duas atitudes existenciais do homem ao longo de sua história. Contudo, as reações do homem frente ao sagrado, em diferentes contextos históricos, não são uniformes e expressam um fenômeno cultural e social complexo, apesar da base comum.

Embora não seja fácil elaborar uma classificação sistemática das religiões, pode-se agrupá-las em duas categorias amplas: religiões primitivas e religiões superiores. Nessa divisão, o qualificativo superior refere-se ao desenvolvimento cultural e não ao nível de religiosidade.

**Religiões primitivas.** A importância do culto aos antepassados levou filósofos e historiadores — como Evêmero , no século 4 a. C. — a considerá-lo a origem da religião. As sepulturas paleolíticas corroboram essa opinião, pois comprovam já haver, naquele período, a crença numa vida depois da morte e no poder ou influência dos antepassados sobre a vida cotidiana do clã familiar. Os integrantes do clã obrigavam-se a praticar ritos em homenagem a seus defuntos pelo temor a represálias ou pelo desejo de obter benefícios ou, ainda, por considerá-los divinizados.

No século 19, os estudos realizados pelo antropólogo britânico Edward Burnett Tylor deram origem ao conceito de animismo, aplicado desde então a todas as religiões primitivas. Tylor sustentou que o homem primitivo, a partir da experiência do sonho e do fenômeno da respiração, concebeu a existência de uma alma ou princípio vital imaterial que habitava todos os seres dotados de movimento e vida. O temor diante dos fenômenos naturais ou a necessidade de obter seus benefícios impeliu-o a render-lhes veneração e culto.

O fetichismo e o totemismo podem ser considerados variantes do animismo. O fetichismo refere-se à denominação que os portugueses deram à religião dos negros da África ocidental e que se ampliou até confundir-se com o animismo. Consiste na veneração a objetos aos quais se atribuem poderes sobrenaturais ou que são possuídos por um espírito. Mais que uma religião, o totemismo seria um sistema de crenças e práticas culturais que estabelece relação especial entre um indivíduo ou grupo de indivíduos e um animal — às vezes também um vegetal, um fenômeno natural ou algum objeto material — ao qual se rende algum tipo de culto e respeito e em relação ao qual se estabelecem determinadas proibições (uso como alimento, contato, etc.).

**Religiões superiores.** À medida que o homem passou a organizar sua existência numa base racional, a multiplicidade de poderes divinos e sobre-humanos ao primitivo animismo não conseguiu mais satisfazer a necessidade de estabelecer uma relação coerente com as múltiplas forças espirituais que povoavam o universo. Surgiram assim as religiões politeístas, panteístas, deístas e monoteístas, expressões das condições sociais e culturais de cada época e das características dos povos em que surgiram.

As religiões politeístas afirmam a existência de vários deuses, aos quais rendem culto. Existem duas teorias contraditórias sobre a origem do politeísmo: para alguns, é a forma primitiva da religião, que mais tarde teria evoluído até o monoteísmo; para outros, ao contrário, é uma degeneração do monoteísmo primitivo. O politeísmo reflete a experiência humana de um universo no qual se manifestam diversas formas de poder sobre-humano; no entanto, nas religiões politeístas ocorre com freqüência uma hierarquia, com um deus supremo que reina e que, em geral, pode ser a origem dos demais deuses. O problema do politeísmo seria delimitar o que se entende como deus ou como algo sobre-humano. Politeístas foram a religião grega e a romana.

O panteísmo é uma filosofia que, por levar a extremos as noções de absoluto e de infinito, próprias do conceito de Deus, chega a considerá-lo como a única realidade existente e, portanto a identificá-lo com o mundo. É a clássica a formulação do filósofo Baruch Spinoza, no século 17: *Deus sive natura* (Deus ou natureza). Alguns filósofos gregos e estóicos foram panteístas, doutrina que também é a base fundamental do budismo.

Também uma corrente filosófica, o deísmo reconhece a existência de Deus enquanto constitui um ser supremo de atributos totalmente indeterminados. Essa doutrina funda-se na religião natural, que nega a revelação. O que o homem conhece a respeito de Deus não decorre apenas das deduções da própria razão humana. Se o universo físico é regulado por leis segundo a vontade de Deus, as relações entre Deus e o mundo moral e espiritual devem ser similares, reguladas com a mesma precisão e, portanto, naturais. O período do Iluminismo (séculos 17-18) proclamou o culto à deusa razão e a revolução francesa ajudou a organizá-lo.

As religiões monoteístas professam a crença num Deus único, transcendente — distinto e superior ao universo — e pessoal. Um dos grandes problemas do monoteísmo é a explicação da existência do mal no mundo, o que levou diversas religiões a adotarem um sistema dualista, o maniqueísmo, fundado nos princípios supremos do bem e do mal.

As grandes religiões monoteístas são o judaísmo, o cristianismo — que professa a existência de um só Deus, apesar de reconhecer, como mistério, três pessoas divinas — e o islamismo.

**Elementos característicos dos sistemas religiosos.** Os princípios elementares comuns à maioria das religiões conhecidas na história podem agrupar-se nos seguintes capítulos: crenças, ritos, normas de conduta e instituições.

Toda religião pressupõe algumas crenças básicas, como a sobrevivência depois da morte, mundo sobrenatural, etc., ao menos como fundamento dos ritos que pratica. Essas crenças podem ser de tipo mitológico — relatos simbólicos sobre a origem dos deuses, do mundo ou do próprio povo; ou dogmático — conceitos transmitidos por revelação da divindade, que dá origem à religião revelada e que são recolhidos nas escrituras sagradas em termos simbólicos, mas também conceituais.

Os conceitos fundamentais organizam-se, de modo geral, em um credo ou profissão de fé; as deduções ou explicações de tais conceitos constituem a teologia ou ensinamento de cada religião, que enfoca temas sobre a divindade, suas relações com os homens e os problemas humanos cruciais — a morte, a moral, as relações humanas, etc. Entre as crenças destaca-se, em geral, uma visão esperançosa sobre a salvação definitiva das calamidades presentes, que pode ir desde a mera ausência de sofrimento até a incógnita do nirvana ou felicidade plena de um paraíso.

A manifestação das próprias crenças e anseios mediante ações simbólicas é inerente à expressividade humana. Da mesma forma, as crenças e sentimentos religiosos têm se manifestado por intermédio dos ritos, ou ações sagradas, praticados nas diferentes religiões. Até no budismo, contra o ensinamento de Buda, desenvolveram-se desde o começo diversas classes de rituais. Toda religião que seja mais do que uma filosofia gera uma série de ritos ao ser vivida pelo povo. Existem ritos culturais em honra à divindade, ritos funerários, ritos de bênçãos ou de consagração e muitos outros.

Observa-se em geral, nas diversas religiões, a existência de ministros ou sacerdotes encarregados de celebrar os principais rituais e, em especial, o culto à divindade. Os atos mais importantes desse culto são oferendas e sacrifícios praticados em conjunto, com invocações e orações. Com freqüência celebram-se os ritos em lugares e épocas considerados sagrados, especialmente dedicados à divindade, e observados com escrupulosa exatidão através dos tempos.

O terceiro elemento característico de toda religião é o estabelecimento, mais ou menos coercitivo, de normas de conduta do indivíduo ou do grupo no que se refere a Deus, a seus semelhantes e a si mesmo. O primeiro comportamento exigido é a conversão ou mudança para um novo modo de vida. Com relação a Deus, destacam-se as atitudes de veneração, obediência, oração e, em algumas religiões, o amor. Na conduta no âmbito da esfera humana entra, em maior ou menor medida, um sistema de normas éticas.

Quase todas as religiões cristalizam-se em algumas instituições dogmáticas (doutrinárias) e cultuais (sacerdócio, hierarquia). Muitas delas chegam a institucionalizar a conduta, com a criação até mesmo de tribunais de justiça c sanções e a organizar administrativamente as diversas comunidades de crentes e suas propriedades. Essas instituições dão forma e coesão aos crentes como um grupo social – religião, povo, igreja, comunidade; a elas somam-se outras instituições voluntárias de tipo assistencial ou de plena dedicação religiosa, que correspondem a grupos informais dentro do grupo institucionalizado. As instituições consideram imprescindível a forma externa, enquanto que a fé considera o espírito interno como essencial à religião.

(In: *Enciclopédia Nova Barsa*, vol.12, Encyclopaedia Britannica do Brasil Publicações, Rio de Janeiro / São Paulo, 1977.)

ABRAHAM LINCOLN - Estadista norte-americano, nascido em Kentucky. Em suas tentativas de ocupar cargos políticos, foi derrotado várias vezes, mas, perseverante, não desistiu. Ocupou uma cadeira na Câmara dos Deputados e foi eleito presidente dos Estados Unidos por duas vezes, sendo que na segunda não concluiu o mandato: foi assassinado. Defensor da causa abolicionista. Em sua primeira gestão, fez a declaração de emancipação dos escravos. Originário de família humilde, segundo consta, Lincoln tinha um temperamento mesclado de bom humor e humildade, o que fez dele um dos mais estimados estadistas dos Estados Unidos. (1809 - 1865)

“

*Quando pratico o bem,*
*sinto-me bem;*
*quando pratico o mal,*
*sinto-me mal;*
*eis a minha religião.*

”

# Regra áurea

*(Segundo as*
*Dez Grandes Religiões do Mundo)*

## Cristianismo

"Tudo quanto queres que os outros façam para ti, faze-o também para eles..."

## Confucionismo

"Não faças aos outros aquilo que não queres que eles te façam."

## Budismo

"De cinco maneiras um verdadeiro líder deve tratar seus amigos e dependentes: com generosidade, cortesia, benevolência, dando o que deles espera receber e sendo tão fiel quanto à sua própria palavra."

## Hinduísmo

"Não faças aos outros aquilo que, se a ti fosse feito, causar-te-ia dor."

## Islamismo

"Ninguém pode ser um crente até que ame o seu irmão como a si mesmo.

## Sikhismo

"Julga aos outros como a ti mesmo julgas. Então participarás do Céu."

## Jainismo

"Na felicidade e na infelicidade, na alegria e na dor, precisamos olhar todas as criaturas assim como olhamos a nós mesmos."

## Zoroastrismo

"A Natureza só é amiga quando não fazemos aos outros nada que não seja bom para nós mesmos.

## Taoísmo

"Considera o lucro do teu vizinho como teu próprio e o seu prejuízo como se também fosse teu."

## Judaísmo

"Não faças ao teu semelhante aquilo que para ti mesmo é doloroso."

(In: *A Essência da Verdade*, Vários Autores, Editora Martin Claret, São Paulo, 1978.)

ALBERT EINSTEIN - Cientista, filósofo e humanista, nascido em Ulm, no sul da Alemanha. Considerado um dos grandes gênios do século 20. Em 1915 apresentou a revolucionária descoberta da Teoria Geral da Relatividade. Em 1921 recebeu o prêmio Nobel de Física. Escreveu vários livros sobre ciência e filosofia. Viveu em Princeton (USA), onde foi professor. (1879 - 1955)

“

**A minha religião consiste numa admiração humilde ao Espírito Supremo e Ilimitado, que se revela a si mesmo nos mínimos pormenores, que estamos aptos a captar com as nossas fracas mentes e com profunda certeza de um Poder Superior, que se revela universal.**

”

# Bíblia

*Enciclopédia Nova Barsa*

Há mais de cinco séculos em primeiro lugar na lista dos livros mais impressos, traduzidos, vendidos, lidos e comentados do mundo, a Bíblia, livro sagrado do judaísmo e do cristianismo, inaugurou a invenção da tipografia por Gutenberg, em 1450, e desde então seu texto já foi impresso em mais de 300 idiomas e suscitou a publicação de milhares de obras de divulgação, interpretação ou comentário.

Desde os primeiros textos, escritos em rolos de papiro, até às modernas edições comentadas do século 20 — ao longo de cerca de trinta séculos —, o texto bíblico manteve uma surpreendente vitalidade e alimentou a fé de muitos povos e nações. Essa força decorre do permanente diálogo entre o livro, que interpela a consciência dos homens, e os homens, que o interrogam em busca de respostas a suas indagações transcendentes.

A Bíblia é uma coleção de textos, divididos em duas partes: o Antigo ou Velho Testamento, reunido por etapas nos dez séculos anteriores ao nascimento de Jesus Cristo; e o Novo Testamento, escrito durante o século posterior à sua morte. A palavra "testamento" *(testamentum* na tradução latina da *Vulgata)* traduz o grego *diatheke*, que por sua vez é tradução do termo hebraico *berith*, "aliança". O uso do termo *diatheke — testamentum* nos Evangelhos (p. ex. Lc 20,22) e nas Epístolas (p. ex. Rm 9,1-11; Hb 8 e 9), que aludem a textos como Gn 9 e 15 e Ex 24, 8, estabelece uma unidade espiritual entre os escritos cristãos e a coleção judaica.

A palavra Bíblia corresponde ao plural grego de *biblion* e significa "os livros". Refere-se aos livros que a compõem, também denominados Sagradas Escrituras, devido a seu caráter canônico, isto é, enquadrados em um cânon, ou padrão, como livros sagrados, diretamente inspirados por Deus. Entretanto, o conjunto não é o mesmo para todas as religiões, pois o critério de canonicidade difere de religião para religião. Assim, no Antigo Testamento só são canônicos, para os judeus, os livros cujo original hebraico foi encontrado, o que exclui Judite, Tobias, I e II Macabeus, Sabedoria, Eclesiástico e Baruc, que são canônicos para os cristãos e os livros do Novo Testamento, que testemunham a vida de Jesus Cristo e de seus apóstolos, são canônicos apenas para os cristãos.

Além desses livros, existem outros que formam a chamada literatura intertestamentária, e englobam: (1) os livros apócritos — alguns deuterocanônicos (ou seja, de canonicidade só reconhecida posteriormente) para a Igreja Católica; outros, canônicos para a Igreja Ortodoxa; e ainda outros não-canônicos para o judaísmo e o protestantismo; (2) os pseudepigráficos (erroneamente atribuídos a autores bíblicos), não-canônicos para todas as religiões; e (3) os manuscritos do mar Morto, também considerados não-canônicos, embora ainda em estudo por parte de especialistas de todas essas religiões.

**Arqueologia bíblica.** Até o século 19, o estudo da Bíblia sofreu limitações decorrentes da quase total ausência de informações históricas extrabíblicas sobre os fatos narrados na Bíblia. Com as descobertas proporcionadas por escavações arqueológicas, foi possível compor um quadro geral mais nítido de todo o mundo antigo contemporâneo da história de Israel e do cristianismo primitivo, isto é, desde a civilização sumeriana, da qual saiu Abraão, até à época do helenismo e do Império Romano, em que se expandiu o Evangelho.

Vários são os aspectos pesquisados pela arqueologia — desde a construção de edifícios e confecção de vestuário, até a organização militar, administrativa, política, religiosa e comercial. Os meios de transporte, as armas e utensílios, a educação, o lazer, as profissões e ofícios, os meios de subsistência, a estrutura urbana, sanitária e viária, a escrita e as artes — tudo concorre para formar esse imenso pano de fundo, contra o qual se pode assistir com maior nitidez ao desenrolar da história relatada nos livros bíblicos.

A partir de escritos preservados em tábuas de pedra e barro, em hieróglifos ou em caracteres cuneiformes, foi possível uma compreensão mais clara de como os judeus e os povos com os quais coexistiram pensavam e agiam, como se vestiam, de que se alimentavam, que deuses cultuavam, quais os seus ritos, sua filosofia, suas artes, como guerreavam ou estabeleciam tratados de paz. Restaurar todos esses elementos, no grau em que foi possível, significou restabelecer todo um conjunto de símbolos, um sistema de significação que permitiu compreender melhor as inúmeras metáforas, a rede de sentidos figurados em que se tece a linguagem da Bíblia.

Várias descobertas desse teor podem ser citadas: as escavações realizadas em Ur, cidade natal de Abraão, que permitiram a descoberta de textos alusivos a uma grande enchente que se pode correlacionar ao relato do dilúvio; e a localização de restos de uma construção que pode ser ligada à descrição da torre de Babel. Em Nuzi, encontraram-se referências ao sacrifício de crianças — que Abraão substituiu pelo de animais — e ao roubo de ídolos, como refere o Gênesis (capítulo 31). No Egito, levantaram-se relatos sobre a invasão dos hicsos, ao tempo de José. Em Susa, na Babilônia, restaurou-se o código de Hamurabi, contemporâneo de Abraão. Numa estela construída por volta do ano 1200 a.C., há citações sobre Israel e Palestina.

**Interpretação da Bíblia.** Existe uma hermenêutica bíblica, isto é, uma doutrina e um método de interpretação do texto bíblico, com regras gerais e particulares a serem aplicadas na busca e determinação de sentido. A exegese, que é a aplicação prática dessas regras, obedece a certas etapas: estabelecimento do texto original, com base em manuscritos, traduções antigas, documentos, etc; configuração do sentido contextual, para resgatar os significados que as palavras e expressões possuíam na época e no meio em que foram formuladas. Além do sentido literal, os pesquisadores buscam sentidos adicionais, baseados em outros princípios hermenêuticos. O principal, e o único legítimo, é tipológico, que interpreta os fatos, personagens e instituições do Antigo Testamento como "tipos" ou prefigurações das realidades da Nova Aliança (p. ex. Jo 3, 14-15, aludindo a Num 21, 8-9; ver também 1 Cor 10, 1-11, onde o termo *typos* é usado duas vezes). Antigamente usava-se também o termo "sentido alegórico", para indicar, na maioria das vezes, o que depois passou-se a chamar de sentido tipológico. Uma interpretação alegórica, porém, que se esmerasse em buscar sentidos mais "altos", mais "profundos", mais "espirituais", sem base no sentido literal entendido pelo autor humano, nem na tipologia, não seria verdadeira e legítima interpretação do texto bíblico.

O chamado "sentido pleno" nada mais é do que o resultado de uma comparação ou combinação de diversas fórmulas bíblicas de um mesmo tema. Isso pode levar a um enriquecimento da mente do leitor, mas não acrescenta nada ao sentido literal ou tipológico de cada texto.

(...)

(In: *Enciclopédia Nova Barsa*, vol. 2, Encyclopaedia Britannica do Brasil Publicações, Rio de Janeiro/São Paulo, 1977.)

"Jesus não revolucionou o mundo pelo pensamento, mas pelo sentimento. Não se pode ser cristão sem ter coração. A teoria do cristianismo é o amor; sua prática, a caridade. Almas cristãs de trato sereno, de expressão austera, de aproximação fria, não fazem sentido, não condizem com o sonho do coração de Jesus, que é todo doçura. Chegar a divindade de Jesus pelo coração simples é caminho mais direto que chegar pela razão culta. A luz da fé desce dos céus aos corações humanos; a da razão sobe das mentes para Deus."

*Antero de Figueiredo*

# Que é Deus?

*Huberto Rohden*

Deus não é uma pessoa, algum superindivíduo, residente em alguma longínqua galáxia do Universo. Pessoa, indivíduo, é necessariamente algo finito, limitado.

Deus pode ser chamado a Vida do Universo, da qual vem todos os vivos, as criaturas finitas. A Vida como tal é transcendente a todos os vivos, mas é também imanente a todos eles; os vivos são vivos porque neles está a Vida. A essência de todos os vivos é a Vida; as existências vivas não são Deus por sua existência, que é sempre limitada. Identificar a existência viva com a essência da Vida seria ilógico panteísmo.

Mas identificar a essência dos vivos com a Vida Universal, isto é a grande verdade do monismo.

Quando o homem ultrapassa o âmbito dos sentidos e da mente, que só percebem existências finitas, então atinge ele a zona da essência, a alma invisível de todas as existências visíveis.

Há uma essência absoluta, que se manifesta em todas as existências relativas.

É esta a experiência de todos os místicos, que também se chama êxtase, *samadhi*, *satori*.

Nenhuma análise intelectual dá certeza de Deus

— mas a intuição racional (espiritual) dá plena certeza de Deus.

Deus pode também ser chamado a consciência cósmica, que está, embora imperfeitamente, em todos os conscientes individuais.

A consciência cósmica de Deus é:

- oniconsciente em si, em sua absoluta transcedência;
- inconsciente nos minerais, não por causa do recebido, mas por causa do recipiente;
- subconsciente nos vegetais, pela mesma razão;
- semi-consciente nos animais, pela mesma razão;
- ego-consciente no homem atual, que está demandando à cosmo-consciência da *logosfera*.

Segundo o eterno princípio da lógica, o Infinito só pode manifestar a sua absoluta infinitude segundo a medida do recipiente relativo das finitudes, em que se manifesta parcial e imperfeitamente.

Neste sentido, diz a sabedoria milenar da *Bhagavad Gita*: "A teia da aranha revela a aranha, mas também a vela". Quer dizer, todo o finito só pode revelar finitamente o Infinito, porque necessariamente também o vela e o encobre.

É este o modo como a oniconsciência se manifesta parcialmente em toda a natureza em que está imanente.

Para o homem que atingiu a cosmo-consciência, todas as coisas do mundo são como santuários da Divindade, onde ele pode cultuar Deus. Mas, como Deus é a consciência universal, e o homem é apenas uma consciência individual, é natural que Deus, apesar de certo seja sempre um mistério, um enigma, uma dolorosa interrogação.

Quanto mais o homem acha Deus, tanto mais ele o procura. Este homem está na linha reta da certeza de Deus, e por isto mesmo ele o procura sempre mais e sofre a sua própria limitação e finitude, porquanto, diz a matemática: Todo o finito em demanda do Infinito está sempre a uma distância infinita. Desta dolorosa angústia sofria o próprio Jesus. Dessas dolorosas interrogações estão repletas as páginas deste livro.

Quem nunca viveu e sofreu Deus, dificilmente compreenderá a alma deste livro.

(In: *Deus*, Huberto Rohden, Editora Martin Claret, São Paulo, 1998.)

JOSEMARÍA ESCRIVÁ (de Balaguer) - Sacerdote da Igreja Católica, nascido em Barbastro, Espanha. É fundador do Opus Dei, entidade religiosa voltada para a santificação pelo exercício cotidiano do trabalho profissional e do cumprimento dos deveres pessoais, familiares e sociais. Foi fundada em 1928, em Madri e por suas características beneméritas a entidade se propagou por todo o mundo. Após a morte de Monsenhor Escrivá, ocorrida em Roma, foram-lhe atribuídos muitos milagres e curas. Em razão disso, em 1991 foi solicitada sua canonização. Ele foi beatificado pelo Papa João Paulo II, em 1992. Autor dos livros *Caminho* e *É Cristo Que Passa*, entre muitas obras. (1902 - 1975)

“

*Não te esqueças de que és templo de Deus, o Paracleto está no centro de tua alma. Escuta-o e segue docilmente suas aspirações.*

”

# Santo Agostinho na praia*

*Adaptada da versão de Peggy Webling*

Aconteceu que num lindo dia de verão Santo Agostinho estava andando sozinho pela praia. O sol brilhava no oceano e na areia branca. De vez em quando uma gaivota voava no céu ou tirava um rasante das ondas. Pequenos flocos de nuvens macias flutuavam no azul do céu, e o sussurro das águas era o único barulho.

O solitário homem refletia profundamente sobre um assunto que nem ele podia entender, embora fosse um dos homens mais inteligentes e cultos. Ponderava sobre os atos de Deus, tentando ver o interior de seu significado oculto. Lutava para compreender o Plano Divino por trás dos acontecimentos, e seu coração se enchia de frustração e angústia por não conseguir encontrar explicações claras.

De repente, ele se aproximou de um menininho que cavara um buraco na areia. Ele enchia um pequeno balde na beira da praia, corria e o esvaziava no buraco, então retornava para buscar mais água do mar. Balde após balde ele derramava no buraco.

— O que está fazendo, menino? — perguntou o sábio.

* Esta lenda é sobre Santo Agostinho de Hippo (354 - 430).

A criança não mostrou nenhuma surpresa com a pergunta, nem mesmo ergueu a cabeça.

— Vou esvaziar a água do mar por este buraco, — respondeu ele.

— Isto é impossível, meu pequeno! — exclamou o sábio, com um sorriso.

O menino olhou para o seu rosto.

— Não mais impossível que para você compreender os mistérios de Deus — respondeu baixinho.

O santo homem foi atingido pela verdade das simples palavras. Seu coração estava humilhado. Nesse instante, a frustração deixou sua mente. Ele cobriu os olhos com as mãos e sentiu-se agradecido, pois a fé pôde preencher o vazio onde o entendimento não bastara. Ao levantar a cabeça depois de alguns instantes, deu-se conta de que estava só com o céu e o mar.

(In: *O Livro das Virtudes,* William J. Bennett, Editora Nova Fronteira, Rio de Janeiro, 1996.)

AUSTREGÉSILO DE ATHAYDE - Escritor brasileiro, professor, conferencista, orador, jornalista, membro e presidente da Academia Brasileira de Letras até 1993. Nasceu na cidade de Caruaru (Pernambuco). Entre suas muitas atividades, foi delegado do Brasil na III Assembléia da ONU, em Paris, e membro da Comissão que redigiu a Declaração Universal dos Direitos Humanos. Está entre os brasileiros ilustres mais laureados e condecorados do país e do exterior. As láureas e condecorações nacionais ultrapassam a casa dos trinta e as estrangeiras são mais de vinte. Entre suas obras encontra-se *Filosofia dos Direitos Humanos.* (1898 - 1993)

"A verdadeira religião ensina, orienta, edifica, porém não ameaça. A infinita bondade de Deus não pode ser clava mortal para os pecadores."

# Evangelho

***Enciclopédia Nova Barsa***

Para os primeiros cristãos, o Evangelho (em grego, "boa nova") não era um livro, mas a mensagem da salvação obtida pela morte e ressurreição de Jesus, o Messias (em grego, *Christos*, "Ungido").

O termo Evangelho logo passou a designar o livro que estampava aquela mensagem de salvação e, a partir do século 2 passou a ser usado também no plural. O fragmento de Muratori, o mais antigo índice do Novo Testamento, refere-se a "quatro livros de um só Evangelho"; santo Irineu fala do "Evangelho tetra-morfo" (em forma quádrupla); são Justino menciona as "lembranças dos apóstolos que se denominam Evangelhos". As citações, sobretudo na liturgia, fazem referência direta ao Evangelho no singular, e especifica os quatro autores: "Leitura do santo Evangelho segundo são...".

A exegese moderna concentrou-se nas peculiaridades de cada um dos autores. Com isso, a interpretação dos textos se tornou mais rica e abriu a possibilidade de nuances distintivas.

**Gênese literária.** Segundo Lucas (capítulos 9 e 10), durante sua vida pública Jesus começou a treinar seus discípulos para o anúncio da Boa Nova. Enviou-os, dois a dois, para falarem em toda parte sobre a vinda do reino de Deus e para curarem os enfermos. Sem dúvida, contaram para o povo tudo o que sabiam sobre a pessoa de Jesus, sua mensagem e suas obras. Desde o Pentecostes, os apóstolos propagaram a mensagem da vitória de Jesus, na ressurreição. O primeiro discurso de Pedro (At 2,22-24) já contém o esquema básico de um Evangelho.

Dentro de poucos decênios, em muitas cidades da Palestina e da diáspora, houve uma vigorosa formação de comunidades cristãs, de judeus e de gentios, cada uma com suas tradições particulares, mas também com muitos contatos mútuos, pelas freqüentes viagens dos apóstolos e dos primeiros cristãos. Nessas comunidades fez-se uma catequese cada vez mais sistemática e estereotipada. Certas narrativas, como a história da paixão e coleções de *logia* (palavras) de Jesus já começaram a ser registradas por escrito.

Mateus, um dos doze apóstolos, foi o primeiro a elaborar, em aramaico, para os judeus cristãos da Palestina, uma obra mais abrangente e sistemática. Esse texto perdeu-se, depois de traduzido para o grego. Houve também outra coleção de *logia* de Jesus, de autor desconhecido e não contida no Mateus em aramaico. A obra também se perdeu, mas foi usada tanto por Lucas como pelo redator definitivo do Mateus em grego.

Sob influência do Mateus em aramaico, Marcos redigiu em Roma o Evangelho pregado por Pedro, provavelmente entre os anos 64 e 70. Havia tradições sobre o nascimento e a infância de Jesus, bem como uma tradição joanina, independente das guardadas em Mateus, Marcos e Lucas (os Evangelhos sinópticos, assim chamados porque, por sua semelhança, permitem uma visão de conjunto). Não se sabe quando essas tradições começaram a ser registradas por escrito. O Mateus em aramaico, depois de traduzido para o grego, foi enriquecido por outras fontes, orais e escritas. O resultado final foi o atual Evangelho de Mateus, grande obra de catequese sistemática.

Lucas escreveu seu Evangelho para o mundo helenista, depois de longos anos em companhia de Paulo, conforme é relatado nos Atos dos Apóstolos. Conheceu também profundamente as tradições palestinenses, bem como a joanina e a pregação de Pedro. Utilizou o Evangelho de Marcos e o Mateus em grego. Fez um grande trabalho de compilação erudita, em estilo muito pessoal, embora de modo geral conservasse delicadamente a linguagem de suas fontes.

O quarto Evangelho remonta certamente a uma testemunha ocular da vida de Jesus. Muitos elementos do livro indicam que o autor é o apóstolo João. Até que ponto ele mesmo escreveu ou ditou o texto, é discutível. Alguns arranjos e acréscimos à redação definitiva parecem ser obra de discípulos. João enriqueceu os Evangelhos sinóticos em muitos detalhes, e mesmo na grande linha da história da vida pública de Jesus. Muitas vezes, completa-os propositadamente, mas procura sobretudo revelar o sentido espiritual dos fatos narrados. A obra, em sua forma atual, deve ter sido composta, antes do final do século I, em Éfeso, um dos mais importantes centros intelectuais e espirituais da época.

**Evangelho de Marcos.** O conteúdo do Evangelho de Marcos obedece a um esquema bem simples. Primeiro, a multidão recebe favoravelmente Jesus, mas seu messianismo humilde e espiritual decepciona as expectativas populares e o entusiasmo arrefece. Jesus afasta-se da Galiléia, para se dedicar à formação de um pequeno grupo de discípulos fiéis, que lhe declaram adesão incondicional. A partir desse momento, tudo se orienta para Jerusalém, onde, após uma oposição cada vez mais acirrada, se desenrola o drama da paixão, coroado finalmente pela resposta divina da ressurreição e pela missão confiada aos apóstolos de levar o Evangelho "a toda criatura".

Marcos tem um estilo realista; quando narra um acontecimento, fixa-se nos sentimentos das pessoas e em detalhes minúsculos, até ingênuos, que depois seriam omitidos pelos outros evangelistas: a cura do cego é gradual, e no princípio ele só via os homens "como árvores andando". A manifestação de Jesus como Messias e como Filho de Deus é também gradual. No começo, o próprio Jesus impõe segredo aos discípulos e aos demônios para que não o proclamem, pois sua paixão é necessária. Quanto à linguagem, trata-se de um grego bastante rude. Sua sintaxe é muito simples e o texto é eivado de semitismos e latinismos.

**Evangelho de Mateus.** O traço dominante do Evangelho de Mateus é seu caráter didático, sistemático. Mais do que narrar, ele pretende instruir. Atribui o máximo peso às palavras de Jesus, que ele agrupa em cinco discursos ou sermões, acompanhados de igual número de narrativas. A obra toda, porém, é composta como um grande drama em sete atos sobre a vinda do "Reino dos Céus", isto é, de Deus: (1) Sua preparação, na pessoa de Jesus menino (capítulos 12); (2) a promulgação do programa do Reino: o sermão da montanha, Jesus como novo Moisés (3-7); (3) a pregação por discípulos, escolhidos, ensinados e enviados por Jesus (8-10); (4) os obstáculos que o Reino encontra, seu caráter humilde e escondido (11-13,52); (5) os inícios do Reino na comunidade dos discípulos (13:54-18:35); (6) a crise que prepara os acontecimentos definitivos da vinda do Reino (19-25); (7) a paixão e morte de Jesus, seu triunfo pela ressurreição (26-28).

A cada passo, Mateus sublinha que tudo aconteceu "para que se cumprisse" o que fora anunciado pelos profetas. Esse "cumprir" não significa que aconteceram fatos previstos concretamente e preditos literalmente pelos profetas. Significa que em Jesus, o Messias, as esperanças, promessas e prefigurações do passado foram levadas à plenitude e realizaram-se de uma maneira que superou todas as expectativas. O texto foi considerado como o Evangelho por excelência da igreja, não só porque ela o empregou mais que os outros na liturgia, mas também porque encontrou nele, de maneira mais clara, a base de sua missão e as normas para seu proceder.

A tradição fala de um texto original em aramaico, mas deste não restou nenhum fragmento ou citação. A crítica protestante nega a existência desse texto, a menos que se tratasse de uma mera coleção de frases de Jesus. Em todo caso, o texto grego atual seria uma refundição, e não tradução, do original aramaico.

Os críticos não conseguiram estabelecer com exatidão a data do texto grego. Alguns o situam antes do ano 70, outros entre 70 e 80. Tampouco existe acordo sobre os destinatários desse Evangelho. Alguns crêem tratar-se de judeus-cristãos perante os quais Mateus destaca a figura de Jesus como legislador — novo Moisés — que promulga a nova lei no sermão da montanha (novo Sinai). Outros opinam que se trata de gentios convertidos ao cristianismo. Ambas as tendências ressaltam o caráter universal do texto, que ultrapassa o limite legal e geográfico do judaísmo e que se expressa tão claramente em seus últimos versículos: "Toda a autoridade sobre o céu e sobre a terra me foi entregue. Ide, portanto, e fazei que todas as nações se tornem discípulos (...) E eis que eu estou convosco todos os dias até a consumação dos séculos! (Mt 28:19-20).

**Evangelho de Lucas.** Apresentada com um elegante prólogo, conforme o modelo da historiografia grega, e introduzida pelo chamado "Evangelho da infância" (capítulos 1-2), o Evangelho de Lucas divide-se em três partes: (1) atividade de Jesus na Galiléia (3 9:50); (2) o caminho para Jerusalém (10-18); (3) Jesus em Jerusalém; paixão e morte; ressurreição. Lucas, portanto, segue o esquema simplificado de Mateus e Marcos. No "caminho para Jerusalém", ele insere artificialmente um grande conjunto de textos, principalmente palavras de Jesus, que não se encontram nos demais Evangelhos.

Lucas destaca propositadamente os aspectos mais atraentes da personalidade de Jesus: seu amor, sua delicadeza e compaixão pelos pobres, as crianças, as mulheres, os pecadores, como nas parábolas do bom samaritano, do amigo importuno, da ovelha perdida, do filho pródigo. Ressalta a piedade, a oração, a alegria nascida da fé, a ação do Espírito Santo.

**Evangelho de João.** Em geral o Evangelho de João omite ou resume o que os outros evangelistas já haviam relatado (por exemplo, o processo de Jesus diante do sinédrio). Por isso, difere bastante dos outros três. De outro lado, acrescenta muitos pormenores que não se encontram nos demais Evangelhos, como o episódio de Jesus diante de Anás (18:19-24). Assim, João enriquece bastante os dados históricos e completa muitos dados topográficos e cronológicos, entre eles a duração da vida pública de Jesus, que nos outros Evangelhos parece incluir apenas uma páscoa, ao passo que João relata três.

Além de mais histórico, o Evangelho de João é também o mais "teológico". Alguns trechos parecem ser antes inspiradas meditações posteriores do evangelista, sobre a mensagem e a pessoa de Jesus, do que citações de suas palavras. A revelação da missão, origem e natureza profunda de Jesus começa no encontro com João Batista, e chega ao auge no fim de sua vida.

No centro da perspectiva está a tríade morte-ressurreição-ascensão. O que precede é o "dia" de Jesus: toda a sua atividade pública, que mostra ser ele o Messias, o enviado do Pai. Depois do "dia" segue a "hora" da morte e glorificação, seu "ir ao Pai", revelando quem Ele é e salvando os que crêem nele. Os milagres ou "obras" de Jesus são chamados "sinais". Ao mesmo tempo que significam a vinda do Reino de Deus, já são o início de sua realização. Neles, o Reino já está presente. A salvação, a "vida eterna", já começou a se realizar, pela fé, na pessoa de Jesus e na sua missão.

**Evangelhos apócrifos.** Além dos quatro Evangelhos canônicos — expressões autênticas da fé da igreja — existem outras narrativas sobre a vida de Jesus, que foram consideradas apócrifas (na terminologia católica) ou pseudo-epigráficas (na protestante). Entre elas figuram o Evangelho de Tomé, o de Pedro, o dos hebreus e o Evangelho árabe da infância de Jesus.

Os dois principais critérios para o reconhecimento Universal dos quatro Evangelhos foram a ortodoxia doutrinal — pois alguns dos outros relatos estavam influenciados pelas heresias gnósticas — e a conformidade com o esquema básico da pregação apostólica, segundo o texto de Marcos: paixão e ressurreição de Cristo, precedidas pelo relato de seus atos e sua pregação.

(In: *Enciclopédia Nova Barsa*, vol. 6, Encyclopaedia Britannica do Brasil Publicações, Rio de Janeiro / São Paulo, 1977.)

“*A primeira coisa que é preciso aprender é que há um Deus que governa tudo pela sua Divina Providência e a quem nada pode ficar oculto, não somente os nossos atos e ações, como também os nossos pensamentos e vibrações. Sejam portanto todos os teus atos e ações, de um homem que imita Deus e que procura com Ele ter alguma semelhança.*”

*Epiteto*

# Será mesmo possível?

*Daniel Fresnot*

Visitando um preso na Casa de Detenção do Carandiru, um sacerdote viu uma cena da qual dá testemunho:

"Observei que entrou uma senhora de seus 60 anos, simples, cabelo grisalho, rugas no rosto, andar calmo, meio curvada, semblante sereno, carregando uma sacola. Dirigiu-se até o banco onde estava um jovem de uns 25 anos. Ele a acolheu com carinho e ela com seus gestos de amor materno. Fiquei admirado como aquela mãe demonstrou o tempo todo carinho, acolhimento, alegria; como o seu olhar para o rapaz era de ternura e como ele se sentia alegre. No abraço que trocaram para se despedir, Deus estava presente. O preso que eu visitava percebeu que eu estava admirando aquela cena e disse: "Sabe, Padre Luís Roberto, aquela senhora não é a mãe dele, mas a mãe do rapaz que ele matou. Ela prometeu no dia do enterro que ela o perdoava, e como sinal deste perdão ela o acompanharia com muito amor e assistência enquanto ele estivesse na prisão.

(In: *Suzana - Prosa e Outros Versos*, Daniel Fresnot, Editora Martin Claret, São Paulo, 1998.)

SANTO AGOSTINHO - Teólogo, filósofo, escritor e bispo da Igreja Católica. Nasceu em Tagaste, Tunísia. Descendente de pai pagão e mãe cristã, experimentou as contradições de seu espírito. Prevalecendo os rogos de sua mãe, converteu-se ao cristianismo. Foi místico e sábio, consagrado pela Igreja Católica com o título de "doutor da graça". Após sua conversão, levou uma vida de santidade. Seu dia é comemorado a 28 de agosto. Sua obra-prima: *Cidade de Deus*. (354 d.C. - 430 d.C.)

**"A denominada religião cristã existiu entre os antigos e nunca deixou de existir, desde o começo da raça humana até o aparecimento do Cristo, época em que a verdadeira religião, que já existia, começou a chamar-se Cristianismo."**

# Novo Testamento

## *Enciclopédia Nova Barsa*

As origens mais remotas do Novo Testamento estão nas necessidades impostas pela catequese na igreja nascente. Na primeira festa de Pentecostes que se seguiu à morte e ressurreição de Jesus, o Espírito Santo desceu sobre a comunidade cristã de Jerusalém, em forma de línguas de fogo. Os discípulos, cujo idioma materno era o aramaico, passaram momentaneamente a falar em línguas estrangeiras, e assim puderam ser entendidos pelos judeus da diáspora, presentes ao encontro. O milagre de Pentecostes é entendido assim como um sinal para a divulgação do Evangelho (Boa Nova) a todos os povos do mundo.

Os apóstolos e os primeiros discípulos, que continuavam a participar do culto judaico, conservavam e transmitiam oralmente as lembranças e palavras de Cristo. Mas à medida que se iam distanciando, no tempo, da morte de Jesus, e no espaço, de Jerusalém, impôs-se a necessidade de registros escritos, como auxílio mnemônico no trabalho de catequese. Foi-se formando assim um acervo de textos. O Antigo Testamento desenvolvera-se em meio relativamente homogêneo. Os livros do Novo Testamento contemplam comunidades linguisticas e culturais bem diversas, que compreendem, num primeiro período, desde os judeus da Palestina até os gentios do Egito, Pérsia, Roma e mar Negro. O registro escrito seria a forma mais segura e prática de manter a unidade de pensamento e assegurar a divulgação.

Os livros que compõem o Novo Testamento podem ser agrupados em quatro conjuntos: (1) os Evangelhos, que transmitem diretamente a palavra de Jesus e relatam os fatos de sua vida, paixão, morte e ressurreição; os três primeiros — Mateus, Marcos e Lucas, chamados sinópticos — podem ser vistos como um conjunto, em virtude da semelhança de suas versões, e nisso se diferenciam do quarto Evangelho, de autoria de São João; (2) os Atos dos Apóstolos, livro histórico, que narra os primeiros tempos do apostolado e a formação da Igreja; (3) as epístolas, cartas dirigidas às primeiras comunidades cristãs pelos apóstolos, com a finalidade de instruí-las sobre pontos eventualmente polêmicos ou ainda obscuros e de incentivá-las à prática de uma vida autenticamente cristã; (4) o Apocalipse, único livro profético do Novo Testamento.

**Evangelho de Mateus.** Membro do grupo inicial dos 12 apóstolos escolhidos pessoalmente por Cristo, pouco se sabe da vida de Mateus. Era um publicano, cobrador de impostos sobre produtos importados. Esse serviço era uma concessão da autoridade romana, e por isso o publicano muitas vezes cobrava taxas superiores às estabelecidas, a fim de ressarcir custos e receber sua remuneração. Essa prática atraía o ódio do povo. Nessa profissão era necessário um registro acurado das atividades; por isso, é de supor que Mateus falava e escrevia bem sua língua materna e provavelmente o grego.

Obra destinada primordialmente a demonstrar

a universalidade da missão de Cristo, em quem se cumpriram as profecias, aos judeus recém-convertidos, o livro de Mateus segue o esquema típico dos sinópticos: a atividade de Jesus na Galiléia, o sermão da montanha, os milagres, as parábolas, as incompreensões e ameaças, a entrada triunfal em Jerusalém, o sermão contra os escribas, ou doutores da lei, o ódio dos fariseus — partido religioso que defendia uma rígida ortodoxia em relação à lei judaica — a crucifixão e as aparições de Jesus e suas recomendações para a divulgação do Evangelho a todos os povos.

**Evangelho de Marcos.** Embora não tenha pertencido ao círculo mais íntimo dos apóstolos, Marcos participou ativamente dos esforços de evangelização. Acompanhou Barnabé — de quem era sobrinho — e Paulo nas viagens de Jerusalém a Antioquia, Chipre e Roma. Marcos parece ter-se ligado mais a Pedro, que o chamou de "meu filho", e a quem certamente serviu de intérprete. Deduz-se daí que seu Evangelho reflita primordialmente o testemunho e a visão de são Pedro. Segundo uma tradição, não confirmada, teria fundado a comunidade cristã de Alexandria, onde morreu.

O livro de Marcos consta de três partes, além do prólogo: a atividade de Jesus na Galiléia, a escolha dos 12 apóstolos, o mistério da identidade de Cristo, a pregação em parábolas; depois, a viagem a Jerusalém, a expulsão dos vendedores do templo, as respostas aos fariseus que tentavam enredá-lo em perguntas capciosas — como ao indagarem se seria lícito pagar o imposto a César — e a antevisão da ruína de Jerusalém; finalmente, a condenação à morte, o suplício e a ressurreição. No livro de Marcos, o relato dos fatos supera em número a transcrição das frases proferidas por Cristo.

**Evangelho de Lucas.** Gentio de nascimento, segundo o testemunho de Paulo, Lucas era provavelmente sírio de Antioquia. Médico, membro da comunidade cristã, era culto e parece ter conhecido bem o grego pela elegância do estilo. Acompanhou Paulo na segunda viagem missionária, e permaneceu por seis anos em Filipos. Fiel companheiro, seguiu com Paulo quando este foi levado preso para Roma.

O roteiro adotado por Lucas obedece, com poucas variantes, ao esquema dos sinópticos. Seu Evangelho dirige-se primordialmente às comunidades dos gentios convertidos ao cristianismo. Fiel às normas de composição das obras clássicas da época, é rigoroso no que toca à exatidão das fontes, citação de testemunhas oculares, fidedignidade. Por isso, seu livro pode ser visto como parte da obra historiográfica, e assim formar uma unidade com os Atos dos Apóstolos. Outras características do livro são sua permanente lembrança da bondade de Jesus e a alegria pelo advento da salvação.

**Evangelho de João.** Cognominado Evangelista, para o distinguir de são João Batista, João, juntamente com seu irmão Tiago, foi o terceiro discípulo chamado por Jesus, logo depois de Pedro e André. Homem simples e sem instrução, como Pedro, ao lado de quem aparece em várias passagens dos Evangelhos, é citado como "o discípulo que Jesus amava", "que durante a ceia se havia reclinado no peito de Jesus", e que se posta ao pé da cruz, ao lado de Maria, a quem passa a receber em sua casa, como se fosse sua mãe por instrução dada pelo próprio Jesus pouco antes de expirar.

Do ponto de vista formal, o Evangelho joanino distingue-se dos sinópticos por seu vocabulário, mais limitado, e por seu estilo próprio, em que as frases se sucedem de forma circular, em torno do mesmo objeto, não com o intuito de analisar ou definir, mas para contemplar, sob vários ângulos, o mistério que ele encerra. Quanto ao conteúdo, seu tema fundamental é a auto-revelação de Jesus, em que vê baseada toda a doutrina do cristianismo: Jesus pela encarnação entra no mundo, revela a luz e a vida, que traz para operar a salvação do homem imerso nas trevas do mundo. João procura deixar claro que não é propriamente ele quem fala, pois apenas transmite o que o Senhor revelou; e que não foi senão pela fé incondicional que chegou ao sentido profundo das revelações. O objetivo de suas pregações está claramente expresso no próprio texto de seu Evangelho, escrito "para crerdes que Jesus é o Cristo, o Filho de Deus, e para que, crendo, tenhais a vida em seu nome.

**Atos dos Apóstolos.** Estilo, temática, tratamento dos assuntos — tudo indica que o autor dos Atos foi Lucas. O grande valor desse livro está em ter sido escrito por uma testemunha ocular de grande número dos fatos nele narrados; e na abundância de documentos para os fatos não assistidos pessoalmente. Constitui portanto excelente fonte para o estudo das primitivas comunidades cristãs e particularmente do apostolado de Paulo, de quem o autor parece ter sido discípulo.

O roteiro do livro é como que o viés do Evangelho de Lucas. Este começa a partir da Galiléia e, através da Samaria e da Transjordania, chega a Jerusalém. Nos Atos, os apóstolos partem de Jerusalém, através da Samaria, "para todos os confins da terra", o que de fato acontece quando Paulo chega a Roma. Em obediência a um costume da historiografia antiga, o livro registra vários discursos, que têm a função de acentuar o sentido dos acontecimentos mais importantes, como Pentecostes, a primeira dispersão, o batismo de Cornélio — centurião romano convertido à fé cristã — e o discurso de Paulo no areópago, brilhante peça de catequese.

**Epístolas.** Sob esse título genérico situam-se tanto as cartas de Paulo quanto as chamadas epístolas católicas. Ambos esses conjuntos enfeixam escritos circunstanciais, que se remetem a situações concretas, seja com o intuito de criticar e repreender — e também de elogiar e incentivar — seja com o objetivo de esclarecer pontos doutrinários, seja finalmente para dar notícias das outras comunidades cristãs e de seus integrantes.

Embora não se possa buscar nas epístolas propriamente uma exposição doutrinária sistemática e completa, é certo que elas, em seu conjunto, esclarecem e reforçam certos princípios da filosofia e da teologia cristã. Assim, por exemplo, é por meio da Epístola aos Gálatas que Paulo critica a discriminação que Cefas começa a fazer entre os cristãos circuncisos (judeus convertidos) e incircuncisos (gentios que abraçaram a fé cristã) para deixar claro que "o homem não se justifica pelas obras da Lei, mas pela fé em Jesus Cristo", conforme o Evangelho.

**Apocalipse.** Para o espírito moderno, a palavra Apocalipse remete ao sentido de uma catástrofe em escala mundial; mas em seu primitivo significado grego, significa simplesmente "pôr a nu, desvendar" os segredos humanos e divinos. A igreja primitiva herdou diretamente do judaísmo a perspectiva apocalíptica. O Apocalipse, último livro do Novo Testamento, da autoria de João, representa um gênero literário completamente diferente de todos os outros livros. O caráter estranho das visões que apresenta, o simbolismo insólito e muitas vezes enigmático que exprime, a dramaticidade das cenas grandiosas que evoca, tudo contribui para tornar esse livro um enigma. Esse aspecto misterioso é reforçado ainda pelo contraste doutrinário entre seu conteúdo e o dos outros livros do Novo Testamento.

O autor descreve as visões que teve em Patmos, a mais setentrional das ilhas do Dodecaneso. A ação desenrola-se no céu, mas a terra está sempre presente, seja restrita a Jerusalém, seja ampliada aos limites do mundo conhecido. É o final dos tempos, quando os castigos de Deus se abatem sobre seus adversários. O Filho do Homem, com uma foice afiada nas mãos, escoltado por seis anjos, procede à ceifa das nações, à colheita definitiva, o extermínio das nações pecadoras e pagãs. O demônio, após um interregno de mil anos, é finalmente vencido e lançado no fogo, onde junta-se para sempre às duas bestas. Deus venceu e instalou definitivamente seu reino. Os mortos ressuscitam e são julgados. Um novo céu e uma nova terra substituem o mundo antigo. Desce dos céus "uma Jerusalém nova, pronta como uma esposa que se enfeitou para o seu marido". E Deus finalmente habitará com os homens.

(In: *Enciclopédia Nova Barsa*, vol.27, Encyclopaedia Britannica do Brasil Publicações, Rio de Janeiro/ São Paulo, 1977.)

THOMAS JEFFERSON - Diplomata, legislador e político norte-americano, nascido em Shadwell, Virginia. Destacou-se na política, não apenas por ter sido duas vezes presidente dos Estados Unidos, mas também pelo conjunto de pensamentos políticos (otimistas) que deixou e que inspiravam suas ações. Era racionalista, otimista, confiava no progresso e repudiava qualquer tipo de tirania e arbitrariedade. Foi parlamentar e chefe de partido político, governador do Estado de Virginia, tendo ocupado, também, outros cargos de destaque na vida pública. (1743 - 1826)

"Se as doutrinas de Jesus sempre tivessem sido pregadas com a pureza de quando saíram de seus lábios, todo o mundo civilizado seria atualmente cristão."

# Pegadas na areia

*Autor anônimo*

Uma noite eu tive um sonho.

Sonhei que estava andando na praia com o "SENHOR" e através do céu passavam cenas da minha vida.

Para cada cena da minha vida que se passava percebi que eram deixados dois pares de pegadas na areia, uma era o meu e o outro do "SENHOR".

Quando a última cena da minha vida passou diante de nós, olhei para trás para as pegadas na areia e notei que muitas vezes no caminho da minha vida havia apenas um par de pegadas na areia.

Notei também que isso aconteceu nos momentos mais difíceis e angustiosos do meu viver. Isso aborreceu-me deveras e perguntei então ao "SENHOR": SENHOR, tu me disseste que, uma vez que eu resolvi te seguir, tu andarias sempre comigo, todo o caminho, mas notei que durante as maiores atribulações do meu viver havia na areia dos caminhos da vida apenas um par de pegadas.

Não compreendo por que nas horas que eu mais necessitava de Ti, Tu me deixastes.

O SENHOR me respondeu: "Meu precioso filho, Eu te amo e jamais te deixaria nas horas do teu sofrimento. Quando viste na areia apenas um par de pegadas foi justamente aí que "EU TE CARREGUEI NOS BRAÇOS " .

(In: *A Bíblia do Otimismo,* vol. III, R. Stanganelli, Tríade Editorial, São Paulo, 1981.)

ERNEST RENAN - Historiador e filólogo francês, Joseph-Ernest Renan nasceu em Tréguier, Bretanha. Cursou o Seminário Maior de Saint Sulpice, em 1843, mas renunciou ao sacerdócio em 1845. Em 1848, formou-se em filosofia, prosseguindo, porém, com seus estudos de filologia. Participa de uma expedição à Síria e à Palestina, em 1860, onde visita as regiões por onde viveu Jesus. Sua principal e mais polêmica obra é *Vida de Jesus* (1863), mas escreveu também: *Os Apóstolos* (1866), *Os Evangelhos e a Segunda Geração Cristã* (1877), entre outras. Renan teve grande importância como divulgador do método exegético da teologia protestante liberal nos estudos bíblicos, e do livre pensamento. (1823 - 1892)

*"O acontecimento mais importante da história do mundo foi a revolução que permitiu às camadas mais privilegiadas da humanidade passarem de antigas religiões para uma religião fundamental na unidade divina, na trindade, e na encarnação do filho de Deus. Foi nessa época que viveu uma pessoa incomum que, por sua iniciativa ousada e pelo amor que soube inspirar, criou as bases e marcou o início da futura fé da humanidade."*

# Telêmaco

***Telêmaco desce na arena dos gladiadores. É morto, mas o Imperador Honório suprime para sempre este espetáculo, que durou 704 anos.***

Foi no ano 440 da nossa era que se realizou o último jogo de gladiadores, em Roma. Esses torneios, promovidos para divertir os espectadores, iniciaram-se no ano 264 a.C., sob o patrocínio de Marcus e Decimus Brutus. Nesses jogos, tomavam parte, em tempos remotos, apenas prisioneiros, escravos e condenados. Depois, homens livres também lutaram na arena, contratados para esse fim, ou como amadores. Houve uma época em que a paixão por esse divertimento bárbaro se tornou tão acentuada, que até senadores e mulheres a ele se dedicaram. Alguns desses jogos se fizeram em memória de pessoas falecidas: era uma homenagem que a família lhes prestava! Os gladiadores eram instruídos em escolas especiais e classificados de acordo com as armas ou com os métodos que usavam em combate. Os retiarii utilizavam-se do tridente e de uma rede em que tentavam envolver o antagonista; os tracios batiam-se, utilizando-se do escudo e de uma espada curta. Ferido um dos combatentes, sua sorte dependia dos espectadores: quando estes desejavam que ele vivesse, elevavam o polegar, em caso contrário, com esse dedo apontavam para o chão. Nesses jogos sacrificaram-se, em certas épocas, milhares de pessoas mensalmente.

O Cristianismo denunciou essa diversão como imoral e fez tudo para mudar a opinião pública contra ela. Sua eliminação consumou-se em virtude de um incidente grave. No decorrer de uma das exibições, um monge cristão chamado Telêmaco desceu à arena e colocou-se entre os dois contendores. Foi ele imediatamente morto pela multidão, que se enfureceu, vendo assim interrompido um prélio tão empolgante. Mas um dos espectadores era o próprio imperador Honório. Sensibilizando-se com o que vira, baixou um decreto, suprimindo para sempre essa diversão violenta e trágica. Desse modo, o Cristianismo alcançou uma vitória retumbante na sociedade que ele visava salvar.

(In: *Sabedoria Universal*, prof. Paulo Lotufo, Editora Brasipal, São Paulo, 1970.)

"A religião é amor e fraternidade e não credos e dogmas teológicos. Quando em vosso coração nascerem a simpatia e o amor por vossos irmãos, atingistes a mais alta expressão da religião, qualquer que seja o nome que lhe derdes."

*Mirza Ahmad Sohrad*

# Vida de Jesus

*Enciclopédia Nova Barsa*

O nome Jesus Cristo é composto da versão grega de dois nomes hebraicos: Jesus, de *Joshua*, que significa salvador; e *Khristós*, de *Masiahi* isto é, messias.

No tempo de Jesus, a nação judaica se encontrava numa situação de desgarramento e impotência. Situada numa zona de tensão entre os grandes impérios do mundo oriental, perdeu sua independência política desde o exílio da Babilônia, no fim do século 6 a.C., e foi dominada por outros povos até que, depois de um breve período de independência, caiu em poder de Roma em 63 a.C. Com a morte de César, Herodes I, o Grande, conseguiu ser nomeado "rei dos judeus", sob protetorado romano. Seu reino foi dividido pelos romanos depois de sua morte, e Herodes Antipas ficou com a Galiléia e a Peréia. À época do nascimento de Jesus, a Galiléia era um conhecido foco da resistência judia contra Roma.

**Nascimento e infância.** Jesus nasceu em Belém, cidade da Judéia meridional nos últimos anos do reinado de Herodes, o Grande. Sua mãe, Maria, que de acordo com o dogma cristão permaneceu sempre virgem, era casada com José, carpinteiro de Nazaré, na

Galiléia. Ambos haviam ido a Belém por causa de um recenseamento.

Herodes soube do nascimento de Jesus, considerado pelos magos como a chegada daquele que deveria ser o "rei dos judeus", ordenou uma matança de todas as crianças "em Belém e no seu território, todos os meninos de dois anos para baixo" (Mt 2:16). Mas José, pai terreno de Jesus, advertido em sonhos por um anjo, tomou o menino e sua mãe durante a noite e retirou-se para o Egito, onde permaneceu até a morte de Herodes.

Com a morte de Herodes, o Grande, José decidiu regressar com sua família e estabeleceu-se em Nazaré. Essa pequena aldeia achava-se num entroncamento de caminhos e era cruzada pelas caravanas que viajavam para o Oriente. Nela cresceu Jesus junto a Maria e José, a quem ajudava em seu trabalho artesanal.

Com relação à chamada "vida oculta" de Jesus, a referência mais explícita é a de Lucas, que menciona a visita da família a Jerusalém quando Jesus tinha 12 anos. Julgando que o menino estivesse na caravana, seus pais voltaram e andaram durante todo o dia, até que se decidiram a voltar a Jerusalém. Depois de três dias de busca, encontraram-no entre os doutores do Templo ouvindo-os e interrogando-os. Todos quantos o ouviam ficavam impressionados com sua inteligência. "Ao vê-lo, ficaram surpresos, e a mãe lhe disse: 'Meu filho, por que agiste assim conosco? Olha que teu pai e eu, aflitos, te procurávamos.' Ele respondeu: 'Por que me procuráveis? Não sabeis que devo estar na casa de meu Pai?'" (Lc 2:48-49).

Quanto aos anos que mediaram entre esses

acontecimentos e a vida pública de Jesus, o próprio Lucas limita-se a concluir: "Desceu então com eles para Nazaré, e era-lhes submisso. Sua mãe, porém, conservava a lembrança de todos estes fatos em seu coração. E Jesus crescia em sabedoria, em estatura e em graça diante de Deus e diante dos homens." (Lc 2:52-53).

**Vida pública.** Costuma-se distinguir, na vida pública de Jesus, um primeiro período de "preparação". Os acontecimentos dessa época tiveram lugar no lapso compreendido entre o outono do ano 27, de acordo com os cálculos mais plausíveis, e a Páscoa do ano seguinte, e desenrolaram-se na Judéia e na Galiléia. Ainda de acordo com Lucas, Jesus tinha então cerca de 30 anos.

Na Judéia, encontrava-se João Batista, filho de Zacarias e parente de Jesus, que em toda a região do Jordão pregava o batismo de penitência para o perdão dos pecados. Jesus foi a seu encontro para também ser batizado, mas João, que o reconheceu como Messias, queria impedi-lo, dizendo: "Eu é que tenho necessidade de ser batizado por ti e tu vens a mim?" (Mt 3:14). Os três evangelhos sinópticos relatam que, no momento do batismo de Jesus, abriu-se o céu e desceu sobre Jesus o Espírito Santo sob a forma de uma pomba, ao mesmo tempo em que uma voz proveniente das alturas dizia: "Este é o meu Filho amado, em quem me comprazo".

Dentro do período de preparação, contam-se o jejum no deserto, durante quarenta dias e quarenta noites; o testemunho de João Batista aos sacerdotes vindos de Jerusalém: "No meio de vós está alguém que não conheceis, aquele que vem depois de mim, do qual não sou digno de desatar a correia da sandália." (Jo 1:26-27); e o episódio das bodas de Caná, primeira manifestação do poder divino de Jesus Cristo.

O primeiro ano da vida pública de Jesus foi assinalado por vários acontecimentos notáveis: a primeira expulsão dos mercadores do templo, o colóquio de Cristo com Nicodemos, notável fariseu, ao qual manifestou-se como Filho de Deus e anunciou sua morte na cruz; a prisão de João Batista; e o episódio da conversa com a mulher samaritana — os judeus não se relacionavam com os samaritanos —, considerado pelos exegetas como um prenúncio da universalidade ecumênica do cristianismo.

Passou depois Jesus da Samaria à Galiléia, e ali deu começo a sua pregação. Rejeitado em Nazaré — "nenhum profeta é bem recebido em sua pátria", disse Jesus na sinagoga —, transferiu-se para Cafarnaum, às margens do lago Tiberíades ou mar da Galiléia. Foi ali que aconteceu a "pesca milagrosa e a vocação dos quatro primeiros apóstolos: Simão (Pedro), seu irmão André e os filhos de Zebedeu, Tiago e João. Esses quatro, mais Filipe e Natanael, haviam sido discípulos de João Batista, que lhes indicou Jesus como "o cordeiro de Deus" (Jo 1:29,35). Realizou nessa época vários milagres, entre eles o do paralítico de Cafarnaum, mencionado nos evangelhos sinópticos.

Durante o segundo ano de sua vida pública, Jesus completou o número dos 12 apóstolos, todos eles galileus. Também teve lugar por essa época o sermão da montanha ou das bem-aventuranças, um dos pontos mais altos da vida de Jesus (Mt 5-7; Lc 6). Nesse período foram narradas algumas das mais notáveis parabolas, com as quais Jesus transmitia sua doutrina ao povo, aos sacerdotes e a seus seguidores.

A partir de então, os acontecimentos se precipitaram. Herodes Antipas deu morte a João Batista, e teve lugar a multiplicação dos pães e dos peixes diante de cinco mil pessoas. Em seu terceiro ano de vida pública, Jesus ensinou no templo de Jerusalém e deu testemunho de si mesmo como a "luz do mundo" e o "bom pastor". Estabeleceu o primado de Simão, a quem chamou Pedro, e em presença dele, de Tiago e de João, realizou o prodígio da transfiguração. Foi também nesse período que ressuscitou Lázaro e, por fim, na sua última Páscoa, entrou triunfante em Jerusalém.

**Paixão e morte.** A paixão de Jesus, desde a última ceia até a crucifixão e morte, é minuciosamente relatada pelos quatro evangelistas. Aprisionado no horto de Getsamani, Jesus foi levado ante Anás, que era "pontífice naquele ano", e logo ante Caifás, o príncipe dos sacerdotes, com quem se haviam reunido os escribas e os anciões. Mais tarde, foi conduzido à residência do governador romano, Pôncio Pilatos, que o remeteu a Herodes Antipas. Por um gesto político de Herodes, foi devolvido a Pilatos, que, embora "não achasse delito nenhum" em Jesus, depois de fazê-lo açoitar, cedeu à pressão dos chefes de Israel e de uma multidão incitada por eles, e pronunciou a sentença da condenação de Jesus à morte na cruz, depois de declarar-se inocente de seu sangue.

De acordo com as leis romanas, Jesus foi flagelado e teve de carregar a cruz até a colina do Calvário. Ali foi crucificado junto com dois malfeitores comuns. Não se sabe o lugar exato em que se cumpriu a sentença, pois a destruição de Jerusalém no ano 70 arrasou todo possível vestígio. No momento da morte de Jesus, de seus seguidores só permaneciam mulheres e João, o evangelista. José de Arimatéia e Nicodemos pediram o corpo de Jesus e o enterraram no horto do primeiro. Na manhã do terceiro dia da morte de Jesus, o sepulcro apareceu vazio. Os relatos, diferentes em seus detalhes, coincidem em que a tumba foi encontrada vazia e que Jesus apareceu a várias pessoas e falou com elas. De acordo com Lucas, comeu um pedaço de peixe à vista dos discípulos assustados. Segundo os Atos dos Apóstolos, Jesus continuou assim a ensinar aos discípulos, em aparições ocasionais, durante quarenta dias após a ressurreição. Depois foi "elevado ao céu". Essa ascensão simboliza a vitória definitiva do Cristo sobre a morte, e seu poder universal. Não contradiz a promessa do ressuscitado: "E eis que eu estou convosco todos os dias até a consumação dos séculos." (Mt 28:20).

**Mensagem e significado.** Para os cristãos, Jesus é Deus feito carne, a personificação da verdade, a revelação e o cumprimento das promessas de Deus. Mas Jesus era também homem, e por isso seus ensinamentos eram dotados de uma profunda preocupação com a realidade temporal da humanidade. Assim, Jesus venerou como divina a lei contida no Antigo Testamento, mas ensinou aos discípulos que se concentrassem nos dois preceitos fundamentais: o amor a Deus e o amor ao próximo. Seu nascimento, morte e ressurreição significavam o início do reino de Deus, que deveria ser acima de todo esforço humano, um desígnio divino. Assim, os ensinamentos de Jesus podem ser resumidos em dois pontos fundamentais: a exortação a uma vida justa e piedosa e a exaltação da onipotência divina como instância superior aos atos humanos.

A importância teológica da humanidade de

Cristo foi enfatizada por santo Agostinho de diversas formas: a humanidade de Jesus Cristo mostrava como Deus elevava o humilde; indicava a conexão entre a natureza física dos homens e a natureza espiritual; e era a fundação de uma humanidade renascida, criada de novo em Cristo como o fora a antiga em Adão. Posteriormente, a tendência de diversas heresias a enfatizar o caráter humano de Cristo fez com que as diferentes igrejas cristãs tendessem, sobretudo sem esquecer o aspecto humano, a ressaltar a divindade de Jesus. Mas a fé em Jesus Cristo, Filho de Deus, implica a aceitação do mistério de sua dupla natureza, divina e humana, que não se confundem, mas estão indissoluvelmente unidas.

(In: *Enciclopédia Nova Barsa*, vol. 8, Encyclopaedia Britannica do Brasil Publicações, Rio de Janeiro/ São Paulo, 1977.)

JOÃO PAULO II (Karol Wojtila) - Atual Papa da Igreja Católica, eleito em 1978. Fluente em mais de uma dezena de idiomas, o que tem facilitado sua comunicação com as lideranças eclesiásticas de todo o mundo. É líder espiritual de cerca de um bilhão de católicos. Tem personalidade carismática e goza de grande popularidade. Nasceu na Polônia. Já viajou por vários países do mundo, desde que se elegeu Sumo Pontífice. Escreve muito. Já publicou 12 encíclicas até o momento, e consta que as bulas e cartas papais, sermões e discursos já somam 150 volumes que deixará como legado para a posteridade. (1921 - )

**“Fica assim bem claro que o serviço sacerdotal, se quer permanecer fiel a si mesmo, é um serviço excelente e essencialmente espiritual. Não é o de médico, de assistente social, de político ou sindicalista.”**

# Igreja católica

***Enciclopédia Nova Barsa***

Desde o Concílio de Trento, realizado entre 1545 e 1563, a igreja cristã subordinada à autoridade papal passou a denominar-se Católica Apostólica Romana, em oposição às igrejas protestantes constituídas a partir da Reforma. Define-se como una, santa, católica e apostólica e considera seu chefe como legítimo herdeiro da cátedra do apóstolo Pedro, sagrado papa, segundo o Evangelho, pelo próprio Cristo.

O termo catolicismo foi usado por alguns autores (Aristóteles, Zenão, Políbio), antes da era cristã, com o sentido de universalidade. Aplicado à igreja, aparece pela primeira vez por volta do ano 105 da era cristã na carta de Inácio, bispo de Antioquia. Nos textos mais antigos, aplica-se à igreja geral considerada em relação às igrejas locais. Nos autores do século 2 da era cristã (Justino, Irineu, Tertuliano, Cipriano), o termo assume duplo significado: o de universalidade geográfica, pois na opinião desses autores a igreja já havia atingido os confins do mundo; e o de igreja verdadeira, ortodoxa, autêntica, em contraposição às seitas que começavam a surgir.

## História

**Cristianismo na Palestina.** Na época de Jesus Cristo, quando a Palestina era dominada pelos romanos, a religião oficial do povo judeu pautava-se pela parte da Bíblia conhecida como Antigo Testamento. Embora não pretendendo romper com a tradição religiosa judaica, a mensagem de Cristo dava realce principalmente aos princípios éticos do amor e da fraternidade, contrapondo-se ao formalismo religioso apregoado pelos fariseus e doutores da lei mosaica. Essa mensagem de cunho mais espiritual e menos legalista passou a ser divulgada sobretudo entre as camadas pobres da população, na língua popular, o aramaico, mediante parábolas.

Após a morte de Cristo, seus discípulos passaram a ser chamados cristãos e, reunidos em pequenas comunidades, procuraram manter viva a lembrança de seus ensinamentos, embora participando ainda da tradição religiosa judaica. O evento mais importante desse período foi a primeira assembléia cristã, conhecida como Concílio de Jerusalém, da qual emergiram duas perspectivas pastorais bem definidas. De um lado, sob a liderança do apóstolo Tiago, estavam os que pretendiam dar destaque à raiz judaica da nova fé; do outro, os seguidores de Paulo, que desejavam uma abertura imediata de mensagem cristã para o mundo cultural greco-romano. A decisão conciliar optou por uma abertura prudente, proposta por Paulo, já escolhido por Cristo como chefe de seu primeiro grupo de discípulos. Esse cristianismo judaico teve, porém, vida relativamente breve, em vista da destruição de Jerusalém, ordenada pelo imperador Tito no ano 70. A partir de então, a fé cristã expandiu-se nas províncias da Anatólia e na própria capital do Império Romano.

**Cristianismo no mundo helênico.** Foi sobretudo graças à atuação de São Paulo, divulgador da mensagem cristã na Anatólia, que o movimento religioso iniciado por Cristo na Palestina estendeu-se para o mundo helênico. A crença de pobres camponeses e pescadores passou a conquistar adeptos entre as famílias pertencentes às classes médias urbanas. O culto cristão foi progressivamente adaptado às formas de expressão mística do Oriente e sua liturgia passou a empregar a língua grega. Fez-se também a tradução da Bíblia para o grego, conhecida como versão dos Setenta, e a atitude ética proposta pelo cristianismo complementou-se com um enfoque conceitual e doutrinário. A elaboração teórica começou com os apologetas, entre os quais destacou-se Orígenes, empenhados em defender a validade da crença cristã diante da cosmovisão grega.

Dois centros de cultura cristã assumiram uma importância excepcional nessa época: Alexandria, no Egito, e Antioquia, na Síria . Em Alexandria predominava a influência platônica e uma interpretação das Escrituras voltada para a alegoria; em Antioquia prevalecia a interpretação histórico-racional, de raiz aristotélica. O período que abrange os séculos 4 e 5 caracterizou-se pela atuação de intelectuais católicos como Atanásio, Basílio, Gregório de Nissa, Gregório Nazianzeno, João Crisóstomo e Cirilo de Alexandria, todos pertencentes ao clero católico. A consolidação dos dogmas cristãos nessa época gerou divergências doutrinais conhecidas como heresias.

O primeiro concílio ecumênico realizou-se em Nicéia em 325, convocado pelo imperador Constantino. Coube a Teodósio I reunir o segundo concílio ecumênico em 381, na cidade de Constantinopla, com a participação apenas dos bispos orientais. O terceiro concílio realizou-se em Éfeso, no ano 431, e proclamou a origem divina da maternidade de Maria. A maior assembléia cristã da antiguidade foi o Concílio de Calcedônia, realizado em 451. Desde o século 4, a igreja grega passou a atuar em colaboração com o poder político e essa aliança com o estado fortaleceu-se após a separação da igreja de Roma. No século 19, com Fócio, patriarca de Constantinopla, as relações entre as duas igrejas se estremeceram, mas a separação definitiva só se deu em 1054. Desde então a igreja romana se refere à igreja grega como cismática, embora esta se definisse como ortodoxa, ou seja, detentora da reta doutrina. Além das divergências sobre formulações teológicas, originadas de perspectivas culturais diversas, teve também grande peso na ruptura a resistência dos cristãos gregos em aceitar a afirmação cada vez maior do poder político-eclesiástico da igreja romana.

**Cristianismo no Império Romano.** Ao iniciar-se a expansão da fé católica pela Anatólia, toda a região estava sob o domínio do Império Romano. Com a destruição de Jerusalém, inúmeros cristãos, entre os quais o apóstolo Pedro, passaram a viver na periferia de Roma, juntamente com outros judeus. A partir de então, Roma foi a sede de religião cristã; daí as expressões cristianismo romano e igreja romana. As celebrações do culto passaram a realizar-se na língua latina. Também a Bíblia foi, mais tarde, traduzida para o latim, por são Jerônimo, tradução conhecida como Vulgata. Ao contrário dos gregos, marcadamente especulativos, os romanos eram um povo jurídico por excelência. Pouco a pouco, o espírito legalista afirmou-se na formação cristã, com ênfase cada vez maior na organização das estruturas eclesiásticas. De acordo com a nomenclatura romana, os territórios onde desabrochava a fé cristã dividiram-se em dioceses e paróquias, à frente dos quais foram postos bispos e párocos, sob a chefia do papa, sucessor de Pedro e bispo de Roma.

A presença cristã no Império Romano foi marcada por duas etapas bem diversas. Na primeira, que se estendeu até o final do século 3, a religião cristã viu-se desprezada e perseguida. O imperador Nero foi o primeiro perseguidor dos cristãos, acusados de terem provocado o incêndio de Roma no ano 64. Entre os mártires dessa fase, que durou quatro anos, incluem-se são Pedro e são Paulo. Com Domiciano houve nova perseguição, iniciada por volta do ano 92. Os imperadores antoninos do século 13 não hostilizaram abertamente os cristãos, mas a legislação permitia que fossem denunciados e levados aos tribunais. Houve perseguições sob Décio, Valeriario e Diocleciano, mas a situação começou a modificar-se com a vitória de Constantino sobre Maxêncio. A partir de Constantino, os imperadores passaram a proteger e estimular cada vez mais a fé cristã, até que, na época de Teodósio I, em fins do século 4, o Império Romano tornou-se oficialmente um estado cristão.

De início professado apenas pelos descendentes de judeus que viviam na periferia de Roma, o cristianismo logo difundiu-se, porém, nas camadas pobres da população, especialmente entre os escravos, e pouco a pouco foi atingindo também as famílias da nobreza romana. Com os decretos de liberdade e oficialização, o cristianismo afirmou-se a ponto de tornar-se, para alguns, veículo de promoção social e caminho para a obtenção de cargos públicos. Na medida em que a fé cristã se consolidou como religião marcadamente urbana, a partir de fins do século 4, os demais cultos passaram a ser perseguidos. Por conseguinte, seus seguidores tiveram de se refugiar na zona rural, donde o nome pagão, ou seja, habitante do campo.

(In: *Enciclopédia Nova Barsa*, vol. 4, Encyclopaedia Britannica do Brasil Publicações, Rio de Janeiro / São Paulo, 1977.)

PLATÃO - Filósofo grego, discípulo de Sócrates. Era cidadão ateniense. Do mestre, absorveu o método de ensino: a maiêutica. Difundiu a filosofia socrática. Alguns comentaristas chamam a atenção para a simbiose entre o pensamento socrático e platônico, por não se saber onde termina o pensamento de um e onde começa o do outro. Platão era um defensor da justiça; ficou abalado com a condenação de seu mestre por considerá-la injusta. Sua obra *A República*, na qual idealizou uma cidade comunal, é considerada a primeira utopia da história. (427 - 347 a.C.)

"*No princípio era o Verbo, e o Verbo estava com Deus. Tudo foi feito por meio Dele, e sem Ele nada foi feito. O que foi feito, nele é vida, e a vida era a luz dos homens; e a luz brilha nas trevas, e as trevas não a apreenderam. Aí encontrei também a alma do homem, embora dê testemunho da luz, não é a própria luz. Mas o Verbo, que é Deus, é a luz verdadeira que ilumina todo homem que vem a este mundo.*"

# Oração do verdadeiro conhecimento

*Thomas Kempis*

Concedei-me, ó Senhor, o conhecimento do que
[devo conhecer,
O amor do que devo amar,
O louvor ao que mais Vos deleita,
O valor do que é mais precioso aos Vossos olhos,
O ódio ao que Vos é mais ofensivo.

Não tolerai que eu julgue conforme a visão de meus
[olhos,
Nem que sentencie segundo o que escutam ouvidos
[de homens ignorantes;
Mas que discirna verdadeiramente entre coisas
[visíveis e as espirituais,
E acima de tudo, que indague sempre qual é o
[benéfico prazer da Vossa vontade. Amém.

(In: *O Livro das Virtudes, vol II. O Compasso Moral*, William Bennett, Editora Nova Fronteira, Rio de Janeiro, 1996.)

HUBERTO ROHDEN - Filósofo e educador brasileiro. Nasceu na cidade catarinense de Tubarão. Escreveu cerca de 50 obras sobre religião, ciência e filosofia. Em Princeton, conheceu Einstein, quando lançou os alicerces para o movimento mundial da Filosofia Univérsica. É biógrafo de Einstein, Pascal, Gandhi, Jesus de Nazaré e Paulo de Tarso, entre outros. Seu livro mais conhecido é *De Alma para Alma*. (1893 - 1981)

"O homem 'religioso' acha suficiente entender-se com Deus, ser bom diante dele — ao passo que o homem realmente bom tem de entender-se também com os homens, o que é mais difícil do que o entendimento com Deus."

# Protestantismo

***Enciclopédia Abril***

A situação social da Alemanha, no início do século 16, encontrava-se tumultuada. As classes mais pobres eram duramente oprimidas e os camponeses reclamavam dos altos impostos e dízimos cobrados pelo clero. Os nobres, por outro lado, ambicionavam as terras pertencentes à Igreja; e os eclesiásticos — propensos a uma vida mundana — esqueciam-se de seus compromissos religiosos.

Esse clima de descontentamento generalizado era ainda alimentado pelas idéias do humanismo nascente e pelo reavivamento da religiosidade popular. Os abusos da hierarquia em questões de ordem eclesiástica e de disciplina moral somavam-se às deturpações na formulação da doutrina católica e ortodoxa.

Vários círculos religiosos viam nos costumes arraigados na Igreja um distanciamento das fontes do Evangelho e, no ensino veiculado pelo clero, um conjunto de "verdades" que afrontavam as Sagradas Escrituras.

A crise atingiu seu ponto máximo em 31 de outubro de 1517: Martinho Lutero, um monge agostiniano pouco conhecido, afixou na porta da igreja do Castelo de Wittenberg seu pensamento em forma de

*Noventa e Cinco Teses*. Rebelava-se principalmente contra a prática, então comum, das indulgências, embora não negasse diretamente ao papa o direito de concedê-las. Entretanto, as teses eram profundamente acadêmicas e não tratavam de todos os problemas religiosos da época. Além disso, não representavam tudo aquilo que o luteranismo desenvolveria.

Lutero já havia encontrado um novo caminho teológico, fundamentado no estudo da *Epístola aos Romanos*, do apóstolo Paulo.

O monge procurava compreender o significado do Evangelho e da salvação pela fé, em oposição à doutrina corrente, que afirmava ser o pecado igualmente vencido pelas obras. A salvação, para Lutero, significava muito mais: era um dom gratuito que emanava do poder de Deus e transmitia paz à alma e confiança plena.

## O movimento espalha-se

Na Suíça alemã, o movimento protestante desenvolveu-se em torno das idéias de Zwínglio e teve características particulares.

As universidades suíças estavam impregnadas pelo humanismo e pelo desejo de libertação do domínio eclesiástico estrangeiro. Desconfiavam também do poder das indulgências e procuravam desenvolver uma vida religiosa mais diretamente fundada nos ensinamentos evangélicos.

Em 1522, a Reforma protestante começou a ser efetivada, com a proclamação de que não havia outra autoridade para os cristãos além da Bíblia. Bem mais radical que Lutero, Zwínglio liderou em Zurique uma rápida reforma, com o apoio das autoridades civis, eliminando das igrejas todos os ornamentos, as relíquias e os órgãos. Foram abolidos também a missa e o celibato do clero. A justificação de todas essas mudanças é encontrada na principal obra teológica de Zwínglio — *Comentário sobre a Falsa e a Verdadeira Religião* —, publicada em 1525.

Nessa mesma época, surgiu em Zurique uma controvérsia sobre o batismo de crianças. Muitos consideravam esse tipo de ritual sem nenhum valor, pois acreditavam que a conversão do adulto deveria ser acompanhada de um novo batismo por meio da imersão. Os seguidores desse movimento ficaram conhecidos pelo nome de "anabatistas" ("rebatizadores"). Tanto os adeptos do movimento como seus principais líderes — os pregadores Felix Manz e Conrado Grébel —, por não se submeterem às autoridades estatais e por pregarem doutrinas e costumes contrários às idéias dominantes, foram duramente perseguidos pelos governantes suíços. Os seguidores foram condenados à morte por afogamento em março de 1526, e o próprio Manz sofreu essa pena, no ano seguinte.

Contudo, nem a perseguição cruel das autoridades nem os ataques dos teólogos oficiais conseguiram sufocar a pregação dos anabatistas. O movimento acabou espalhando-se rapidamente, propagando idéias de severa disciplina espiritual, além de reivindicações contrárias à ordem vigente. Identificando-se com os pobres e oprimidos, diziam que o Evangelho era o único poder libertador.

Na França e na Suíça francesa, a Reforma protestante foi liderada pelo teólogo João Calvino.

Educado em escolas eclesiásticas da época,

Calvino abandonou a fé romana por volta de 1534, passando a defender ardorosamente os ideais da Reforma protestante. Percebendo que os seguidores de Lutero ameaçavam, na França e na Suíça francesa, as tradições medievais e o sistema econômico vigente, o rei da França não tardou a acusá-los de subversivos, em fevereiro de 1535. Inconformado, Calvino dirigiu-se ao rei em carta aberta, defendendo os companheiros. Essa carta acompanha em forma de prefácio, a primeira edição de sua obra *Instituição da Religião Cristã*, de 1536.

Calvino tinha apenas 26 anos quando os adeptos do protestantismo francês resolveram reconhecer sua liderança e suas idéias. Segundo ele, existiam três instituições divinamente estabelecidas: a Igreja, os sacramentos e o governo civil. A Igreja seria formada por "todos os eleitos de Deus" e seria governada por pastores, mestres, anciãos e diáconos escolhidos pela própria congregação.

O movimento calvinista (que influenciou fundamentalmente o presbiterianismo), além da França e Suíça, estendeu-se à Escócia — principalmente entre os puritanos ingleses —, aos Países Baixos, Polônia, Hungria e Alemanha sul-ocidental.

Na Inglaterra, a Reforma protestante começou movida mais por razões políticas do que doutrinárias. A ruptura com Roma, provocada por Henrique VIII, facilitou o trabalho da hierarquia anglicana. Desligados do papa, os bispos e os teólogos puderam aplicar em seu país os princípios de Lutero e de Calvino, de acordo com as conveniências locais. O movimento foi menos radicalizado e manteve mais continuidade com o passado do que nos demais países europeus. (A Igreja Anglicana era mais um catolicismo reformado do que um tipo de protestantismo.)

Além disso a reforma inglesa manteve a mesma ordem eclesiástica da Igreja antiga, com seus bispos, presbíteros e diáconos, a mesma liturgia da missa (apenas traduzida), os sacramentos, as vestes sacerdotais e os ornamentos simbólicos do culto. Por outro lado, adotou as interpretações evangélicas fundamentadas nas Escrituras e aboliu o celibato do clero. O espírito do anglicanismo aparece numa importante obra da época, *Leis da Política Eclesiástica*, de Hooker*.

## As novas doutrinas

O protestantismo acabou espalhando-se pelo mundo inteiro. Em virtude da grande liberdade de consciência oferecida aos fiéis (ao menos em princípio) e à ausência de um poder centralizado, dividiu-se em inúmeras denominações, segundo as ênfases adotadas em cada lugar. Dessa forma, os batistas, os quacres, os pentecostalistas, etc., estão relacionados com as origens da Reforma, embora suas histórias particulares tenham origens diferentes.

Entretanto, existem algumas linhas doutrinárias que estão presentes na maior parte das Igrejas protestantes.

**Primado da palavra de Deus** — A teologia protestante recusa-se a partir da teologia natural. Acredita que Deus atua por meio de Sua Palavra, remontando-se ao testemunho da Bíblia. A Palavra de Deus é viva e atuante na Igreja e no mundo por meio de Gênesis afirma que Deus criou o mundo através de Sua Palavra. E o Evangelho de São João começa afirmando que "no princípio era o Verbo [a Palavra]".

**Palavra de Deus e Bíblia** — As Santas Escrituras dão testemunho a respeito da realidade da Palavra de Deus; daí o apego do protestante à Bíblia. Os fiéis têm acesso direto às Escrituras e buscam em sua mensagem a orientação de Deus para suas vidas. Há diversas interpretações da relação entre Palavra de Deus e Bíblia, com matizes que vão desde o reconhecimento literalista de que os vocábulos bíblicos são a própria Palavra de Deus, até as concepções radicalmente liberais que não vêem aí senão expressões humanas, culturalmente condicionadas, mais ou menos míticas, destinadas a apreender a vontade de Deus para Seu mundo.

**Justificação pela fé** — Para o protestantismo, os fiéis têm acesso direto a Deus e são aceitos por Ele, em virtude de Sua misericórdia e de Seu amor, e não devido a obras que eventualmente venham a realizar. É a fé que justifica, e não as obras. Isso tem um significado amplo: a salvação é dom gratuito de Deus, oferecido a todos os homens por meio de Jesus Cristo.

**Autoridade e liberdade** — As Igrejas protestantes não tem magistério teológico. Sentem-se livres para interpretar as Escrituras e para organizar sua vida eclesiástica. Podem, com essa liberdade, correr o risco da perda de unidade. No entanto, as Igrejas protestantes gozam de reconhecimento mútuo e, em muitos lugares do mundo, organizam-se em conselhos interdenominacionais para programas de evangelização e serviços na comunidade.

**Sacerdócio de todos os fiéis** — Todos os cristãos batizados em nome da Santíssima Trindade são considerados membros da Igreja e podem participar do ministério sacerdotal. As decisões importantes dependem de votação dos leigos. A existência de um ministério ordenado e clerical prende-se mais a questões de ordem, e, portanto, de organização, do que a princípios teológicos imutáveis.

A maioria dos cristãos evangélicos aceita também as formulações dos antigos credos da Igreja primitiva, tais como o Ato dos Apóstolos e o Credo de Nicéia. Há mesmo os que admitem as formulações dogmáticas do Concílio de Calcedônia, realizado no ano de 451. Ao admitirem, entretanto, essas formulações doutrinárias, reservam-se o direito e a liberdade de criticá-las e julgá-las pela única regra de fé e de vida universalmente aceita: a Bíblia.

(In: *Enciclopédia Abril,* vol.10, editor Victor Civita, Abril Cultural e Industrial, São Paulo, 1971.)

*“Creiam, todos os caminhos, sinceramente honrados, levam a Deus. Dentro de qualquer religião pode haver santos. Os bons encontram com Jesus e ascendem a Deus.”*

*Antero de Figueiredo*

# Espiritismo

***Enciclopédia Nova Barsa***

A crença na sobrevivência do espírito após a morte do corpo físico e o princípio da reencarnação são as bases da doutrina conhecida como espiritismo, movimento religioso que surgiu na França e se expandiu pelo mundo, notadamente no Brasil.

O espiritismo como doutrina surgiu a partir da publicação, na França, de *Le Livre des esprits* ( 1857; *O livro dos espíritos)*, de Allan Kardec, pseudônimo do professor Hippolyte Léon Denizard Rivail. Considerado a obra básica do espiritismo, o livro de Kardec codificava a doutrina espírita, que se resume em cinco pontos: (1) existência de Deus, como inteligência cósmica responsável pela criação e manutenção do universo; (2) existência da alma ou espírito, envolvido pelo perispírito, que conserva a memória mesmo após a morte e assegura a identidade individual de cada pessoa; (3) lei da reencarnação, pela qual todas as criaturas retornam à vida terrena e vão, sucessivamente, evoluindo no plano intelectual e moral, enquanto expiam os erros do passado; (4) lei da pluralidade dos mundos, isto é, da existência de vários planos habitados, que oferecem um âmbito universal para a evolução do espírito; (5) lei do carma ou da causalidade moral, pela qual se interligam as vidas sucessivas do espírito, dando-lhe destino condizente com os atos praticados.

A doutrina espírita não tem altares, cultos, sacerdotes ou rituais e não combate as outras religiões. Afirma que todos serão salvos, embora uns o sejam antes de outros, de acordo com a evolução do espírito nas sucessivas encarnações. Seus preceitos morais pregam o amor ao próximo e a Deus, a caridade e o progresso contínuo do espírito humano.

As manifestações extra-sensoriais ou de paranormalidade estão intimamente associadas ao espiritismo. A referência mais antiga encontra-se no Velho Testamento, com o relato da visita de Saul à pitonisa ou médium de Endor, que materializou a presença do profeta Samuel (I Sam 28:7-19).

Muitos cientistas pesquisaram e reconheceram a autenticidade dos fenômenos espíritas. Na Inglaterra, os mais importantes foram Frederick William Henry Myers, fundador da Sociedade para a Pesquisa Psíquica; os físicos William Crookes e Oliver Lodge e o biólogo Alfred Russell Wallace. Na França, além de Kardec, destacaram-se Camille Flammarion e o fisiólogo Charles Richet; na Itália, o criminólogo Cesare Lombroso e o astrônomo Giovanni Schiaparelli; na Alemanha, o astrofísico Karl Friedrich Zöllner e o médico Albert von Schrenck-Notzing.

A mediunidade é um fenômeno importantíssimo, dentro do espiritismo. É uma faculdade por meio da qual o médium — pessoa dotada de elevada capacidade de percepção extra-sensorial — manifesta os mais diversos dotes, como vidência, clarividência, clariaudiência, levitação, telecinesia (movimentação e/ou transporte de objetos), psicografia, emissão de ectoplasma, curas e outros.

**Espiritismo no Brasil.** O Brasil é considerado o maior país espírita do mundo. Denominado kardecismo em homenagem a seu codificador, o espiritismo no Brasil começou em Salvador-BA, em 1865. A partir de 1877, foram fundadas as primeiras comunidades espíritas, como a Congregação Anjo Ismael, o Grupo Espírita Caridade e o Grupo Espírita Fraternidade. Em 1883, surgiu *O Reformador,* a mais antiga publicação espírita do Brasil, e no ano seguinte Augusto Elias da Silva fundou a Federação Espírita Brasileira, que adquiriu grande projeção na gestão de Adolfo Bezerra de Meneses Cavalcante, a partir de 1895. A Livraria da Federação, criada em 1897, é responsável pela edição, distribuição e divulgação da vasta literatura espírita. Ao lado da difusão da doutrina, as organizações espíritas brasileiras realizam um amplo trabalho de assistência social e fraternidade humana, com manutenção de asilos e outras instituições. Dentre os principais médiuns brasileiros destaca-se sobretudo a figura de Francisco Cândido Xavier, autor de centenas de obras psicografadas e realizador de um intenso trabalho espiritual. Além dele, ganhou notoriedade José Pedro de Freitas, o Zé Arigó, que efetivava curas e cirurgias pela incorporação do espírito do médico alemão conhecido como Dr. Fritz. Outro grande divulgador da doutrina é Divaldo Pereira Franco.

O fenômeno que determinou o surgimento do espiritismo moderno ocorreu em 1848, na pequena cidade de Hydesville, no estado americano de Nova York. Na casa da família metodista de John D. Fox, ouviam-se com freqüência fortes pancadas nas paredes e no teto do quarto das meninas Katherine e Margaretha. A primeira, aos nove anos de idade, resolveu desafiar o invisível a reproduzir as pancadas que ela mesma daria. A prontidão das respostas — vindas do espírito de um homem que teria sido assassinado naquela casa — marcou o início da comunicação com os mortos. Foi nessa época que proliferaram, a princípio nos elegantes salões europeus, as chamadas mesas falantes ou giratórias.

(In: *Enciclopédia Nova Barsa*, vol.6, Encyclopaedia Britannica do Brasil Publicações, Rio de Janeiro/ São Paulo, 1977.)

GUERRA JUNQUEIRO (Abílio Manuel de) - Poeta, escritor e filósofo português, nascido em Freixo-de-Espada-à-Cinta (Trás-os-Montes). Estudou Direito na Universidade de Coimbra. Ocupou alguns cargos administrativos em cidades portuguesas. Foi deputado. Viveu algum tempo em Berna (Suíça), representando Portugal como ministro. Suas obras são caracterizadas pelo panteísmo e religiosidade. Escreveu muitas obras, principalmente em versos. Sua obra-prima é *Os Simples*, de influência realista. (1850 - 1923)

**“A fé em Deus e a fé em nossos semelhantes dão-se, a meu ver, as mãos. Poder-se-ia dizer que o ateu é inimigo do gênero humano e de si próprio.”**

# Três parábolas de Jesus

## A parábola das bodas [w]
## (Mateus, 22-1-14)

Jesus voltou a falar-lhes em parábolas e disse: "O Reino dos Céus é semelhante a um rei que celebrou as bodas do seu filho. Enviou os seus servos para chamar os convidados para as bodas, mas estes não quiseram vir. Tornou a enviar outros servos, recomendando: 'Dizei aos convidados: eis que preparei meu banquete, meus touros e cevados já foram degolados e tudo está pronto. Vinde às bodas.' Eles, porém, sem darem a menor atenção, foram-se, um para o seu campo, outro para o seu negócio, e os restantes, agarrando os servos, os maltrataram e os ma-

[w] Parábola com abundantes traços alegóricos, e que transmite a lição: o rei é Deus, as bodas representam a felicidade messiânica, enquanto o filho do rei é o Messias; os enviados são os profetas e os apóstolos; os convidados desatenciosos que os ultrajam são os judeus; os convocados das encruzilhadas são os pecadores e os pagãos; o incêndio da cidade contém uma referência à ruína de Jerusalém — A partir do v. 11 muda a cena: trata-se agora do juízo final. Mt parece ter combinado duas parábolas: uma análoga à de Lc 14,16-24; a outra, de que temos a conclusão nos vv.11s: o homem que atende ao convite deve vestir a roupa nupcial; as obras da justiça devem acompanhar a fé (cf. 3,8; 5,20;7,2 1 s; 1 3,47s;21 ,28s).

taram. Diante disso, o rei ficou com muita raiva e, mandando as suas tropas, destruiu aqueles homicidas e incendiou-lhes a cidade. Em seguida disse aos servos: 'As bodas estão prontas, mas os convidados não eram dignos. Ide, pois, às encruzilhadas e convidai para as bodas todos os que encontrardes.' E estes servos, saindo pelos caminhos, reuniram todos os que encontraram, maus e bons, de modo que a sala nupcial ficou cheia de convivas. Quando o rei entrou para examinar os convivas, viu ali um homem não vestido com a roupa nupcial e disse-lhe: 'Amigo, como entraste aqui sem roupa nupcial?' Ele, porém, ficou calado. Então disse o rei aos que serviam: 'Amarrai-lhe os pés e as mãos e lançai-o fora, nas trevas exteriores. Ali haverá choro e ranger de dentes. Com efeito, muitos são chamados, mas poucos escolhidos [x]."

## A parábola dos talentos [z]
### (Mateus, 25- 14-30)

Pois será como um homem que, viajando para o estrangeiro, chamou os seus próprios servos e en-

---

[x] Esta sentença parece referir-se à primeira parte da parábola antes que à segunda. Com efeito, não se trata dos eleitos em geral, mas dos judeus, os primeiros convidados. A parábola não afirma, mas também não exclui a possibilidade de que alguns dentre eles tenham atendido ao convite e, assim tenham sido escolhidos (cf. 24,22†).

[z] Os cristãos são servos aos quais o seu mestre, Jesus, confia a tarefa de fazer frutificar os seus dons para o desenvolvimento do seu Reino e que devem prestar-lhe contas da sua gestão. — A parábola das minas (Lc 19,12-27), apresenta analogias de forma, mas comporta uma lição muito diferente.

tregou-lhes os seus bens. A um deu cinco talentos, a outro dois, a outro um. A cada um de acordo com a sua capacidade. E partiu. Imediatamente, o que recebera cinco talentos saiu a trabalhar com ele e ganhou outros cinco. Da mesma maneira, o que recebera dois ganhou outros dois. Mas aquele que recebera um só, tomou-o e foi abrir uma cova no chão. E enterrou o dinheiro do seu senhor. Depois de muito tempo, o senhor daqueles servos voltou e pôs-se a ajustar contas com eles. Chegando aquele que recebera cinco talentos, entregou-lhe outros cinco, dizendo: 'Senhor, tu me confiaste cinco talentos. Aqui estão outros cinco que ganhei.' Disse-lhe o senhor: 'Muito bem, servo bom e fiel! Sobre o pouco foste fiel, sobre o muito te colocarei. Vem alegrar-te com o teu senhor [a]! Chegando também o dos dois talentos, disse: 'Senhor, tu me confiaste dois talentos. Aqui estão outros dois talentos que ganhei.' Disse-lhe o senhor: 'Muito bem, servo bom e fiel! Sobre o pouco foste fiel, sobre o muito te colocarei. Vem alegrar-te com o teu Senhor!' Por fim, chegando o que recebera um talento, disse: 'Senhor, eu sabia que és um homem intratável, que colhes onde não semeaste e ajuntas onde não espalhaste. Assim, amedrontado, fui enterrar o teu talento no chão. Aqui tens o que é teu.' A isso respondeu-lhe o senhor: 'Servo mau e preguiçoso, sabias que eu colho onde não semeei e que ajunto onde não espalhei? Pois então devias ter depositado o meu dinheiro com os banqueiros e, ao voltar, eu receberia

---

[a] Esta alegria é a do banquete celeste (Mt 8,11 †). — A expressão "sobre o muito te colocarei" designa a participação ativa no Reino de Cristo.

com juros o que é meu. Em seguida, ordenou: 'Tirai-lhe o talento que tem e dai-o àquele que tem dez, porque a todo aquele que tem será dado e terá em abundância, mas daquele que não tem, até o que tem será tirado. Quanto ao servo inútil, lançai-o lá fora nas trevas. Ali haverá choro e ranger de dentes.

## A parábola das minas [x]
### (Lucas, 19-11-27)

Como eles ouviam isso, Jesus acrescentou uma parábola, porque estava perto de Jerusalém, e eles pensavam que o Reino de Deus ia se manifestar imediatamente. Disse então: "Um homem de nobre origem partiu para uma região longínqua a fim de ser investido na realeza e voltar [y]. Chamando dez de seus servos, deu-lhes dez minas e disse-lhes: 'Negociai com elas até que eu volte.' Ora, seus cidadãos o odiavam. E enviaram atrás dele uma embaixada para dizer: 'Não queremos que este reine sobre nós.'

Quando ele regressou, após ter recebido a rea-

---

[x] Apesar das divergências consideráveis que separam a parábola das minas da parábola dos talentos (Mt 25,14-30) a maioria dos exegetas conclui em favor da identidade, tendo cada evangelista livremente modificado e desenvolvido o tema inicial. Além disso, parece necessário distinguir em Lc duas parábolas fundidas numa só, a das minas (vv. 12-13,15 26) e a do pretendente à realeza (vv. 12.14.17.19.27).

[y] Alusão provável à viagem de Arquelau a Roma, no ano 4 a.C., para consolidarem a seu favor o testamento de Herodes Magno. Seguiram-no alguns judeus com o fito de fazerem malograr os trâmites (cf. v. 14).

leza, mandou chamar aqueles servos aos quais havia confiado dinheiro, para saber o que cada um tinha lucrado. Apresentou-se o primeiro e disse: 'Senhor, tua mina rendeu dez.' 'Muito bem, servo bom', disse ele, 'uma vez que te mostraste fiel no pouco, recebe autoridade sobre dez cidades.' Veio o segundo e disse: 'Senhor, tua mina produziu cinco.' Também a este ele disse: 'Tu também, fica à frente de cinco cidades.'

Veio o outro e disse: 'Senhor, eis aqui a tua mina, que depositei num lenço, pois tive medo de ti, porque és um homem severo, tomas o que não depositaste e colhes o que não semeaste.' Então ele disse: 'Ó servo mau, eu te julgo pela tua própria boca. Sabias que eu sou um homem severo, que tomo o que não depositei e colho o que não semeei. Por que, então, não confiaste o meu dinheiro ao banco? À minha volta eu o teria recuperado com juros.' E disse aos que lá estavam: 'Tirai-lhe a mina e dai-a ao que tem dez!' Responderam-lhe: 'Senhor, ele já tem dez minas!...' 'Digo-vos, a quem tem, será dado; mas àquele que não tem, será tirado até mesmo o que tem.

Quanto a estes meus inimigos, que não queriam que eu reinasse sobre eles, trazei-os aqui e trucidai-os em minha presença.'"

(In: *A Bíblia de Jerusalém, Novo Testamento,* Edições Paulinas, São Paulo, 1976.)

JOAQUIM NABUCO - Uma das maiores figuras humanas do segundo reinado, Joaquim Aurélio Barreto Nabuco de Araújo nasceu em Recife, PE. Estudou no Rio de Janeiro e São Paulo e em 1868 retornou para Recife, onde foi contemporâneo de Rui Barbosa, Rodrigues Alves, Castro Alves e Afonso Pena, na faculdade de Direito. Abolicionista e contrário à pena de morte, seguiu carreira diplomática, como adido em Washington e em Londres. Atuou também como jornalista, foi deputado e primeiro-secretário perpétuo da Academia Brasileira de Letras. Como primeiro embaixador brasileiro em Londres, tornou-se amigo pessoal do presidente Roosevelt. *Minha Formação* (1900) é a sua principal obra literária e considerada a melhor autobiografia brasileira. (1849 - 1910)

"A religião não é um obstáculo à alegria e à liberdade. A fé é um pássaro que pousa no alto da folhagem e canta nas horas em que Deus escuta. As religiões foram sempre um conjunto de práticas pelas quais os homens simples procuram alcançar a amizade de Deus, os bens supremos da saúde, da força, da paz, da riqueza."

# Clínica da alma

**(Um oferecimento das Igrejas Presbiterianas)**

*Médico cirurgião:* Jesus Cristo
*Grau honorífico:* Filho de Deus
*Médico auxiliar:* o Espírito Santo
*Campo de estudo:* o Coração
*Experiência:* infalível e eterna
*Residência e Consultório:* em todas as partes
*Seu poder:* Ilimitado
*Sua especialidade:* o Impossível
*Seu instrumento:* o Poder
*Seu obséquio:* a Graça
*Seu livro de receitas:* a Bíblia
*Enfermidades para curar:* Todas
*Preço do tratamento:* a Fé
*Garantia:* Absoluta
*Sala de cirurgia:* o Altar
*Hospital:* a Igreja
*Dieta:* Oração e Jejum
*Exercícios:* Boas obras e frutos
Venha hoje mesmo...
*Hora de Consulta:* as 24 horas do dia.

Dr. Jesus Cristo

(In: *A Essência da Oração*, Vários Autores, Editora Martin Claret, São Paulo, 1978.)

GOLDSMITH (Oliver) - Médico e escritor irlandês, nascido em Pallas. Seus primeiros escritos, que lhe deram fama, foram as *Cartas Chinesas*. Sua obra-prima é *O Vigário de Wakefield*. Em 1764 escreveu o poema filosófico *O Viajante*. Escreveu, também, algumas comédias criticando o que ele considerava "falso sentimentalismo" da época. Em 1770 escreveu outro poema, *A Aldeia Abandonada*, abordando o tema social e, segundo consta, com este gênero Goldsmith deu início à tradição literária da literatura moderna. (1728 - 1774)

"*Tu és reflexo de Deus. Quanto mais te convenceres disso, tanto mais Deus se manifestará em ti.*"

# Alcorão

*Enciclopédia Nova Barsa*

Segundo a tradição muçulmana, ao longo de vinte anos Deus (Alá) revelou a Maomé, por intermédio do arcanjo Gabriel, o conteúdo de uma tábua conservada no céu — "a mãe do livro" — que se tornou o texto sagrado do Islã: o Alcorão ou Corão (do árabe *"al-Qur'am"*, "o recitativo" ou "o discurso").

**Composição e estrutura.** Enquanto recebia a revelação, Maomé a recitava aos discípulos, que a decoravam ou registravam em fragmentos. A compilação do livro em seu estado atual se deve ao terceiro califa (sucessor do profeta), Utman, que, temendo a perda do texto devido à morte, em campanhas militares, de muitos recitadores do Alcorão, mandou recolher as diversas cópias e estabelecer a definitiva. Para evitar novas confusões, ordenou a destruição de todas as demais versões, embora uma ou outra se tenha salvo. As dificuldades para estabelecer o texto foram agravadas pelo desenvolvimento ainda incipiente da escrita árabe e pelas diferentes interpretações que os diversos recitadores davam ao texto.

Os compiladores não seguiram uma ordem cronológica — difícil de determinar —, nem uma sistematização temática, mas ordenaram os capítulos conforme instruções específicas do profeta. De modo geral, situaram os de maior extensão antes dos menores. No total, o livro se compõe de 114 capítulos ou *suratas*, divididos em versículos *(aiat)*, que começam com uma invocação a Alá. Sua extensão, de aproximadamente oitenta mil palavras, é semelhante à do Novo Testamento cristão.

**Conteúdo.** Pela data provável em que Maomé recitou originalmente os capítulos e, sobretudo, em virtude dos temas tratados e do estilo, podem-se atribuir diversos períodos ao conteúdo do Alcorão, embora essa periodização não se reflita no texto. Um mesmo capítulo pode tratar de temas heterogêneos; outros incluem alguma revelação posterior sobre seu tema.

*Período de Meca.* O primeiro período da pregação de Maomé, iniciado por volta do ano de 612 da era cristã, caracterizou-se por um enfático apelo à conversão e à obediência religiosa e moral, ante o iminente julgamento, que traria consigo o castigo dos pecadores — especialmente dos ricos e poderosos — e o prêmio aos justos, sob o poder absoluto e transcendente de Deus. Em geral, os textos estão escritos numa peculiar combinação de poesia e prosa, a chamada "prosa rimada", que durante vários séculos caiu em desuso por ser considerada herética a intenção de imitar o livro sagrado.

*Período de Medina.* Depois de fugir de Meca em 622, a pregação de Maomé se fez ora contra aquela cidade, ora com o propósito de consolidar a organização dos crentes. As invectivas contra Meca reproduzem os temas da "pregação no deserto": o povo ofuscado pela riqueza recusa o Deus único, mata os profetas e, em seu endurecimento, é castigado por Deus. Quanto à organização dos crentes, num primeiro momento Maomé preparou a luta contra Meca. Posteriormente, subjugada a cidade (630), sua preocupação voltou-se para as prescrições jurídicas — ritos, preces, casamentos, alimentação — que haveriam de reger a vida religiosa, política, social e familiar da sociedade islâmica. Escritas em tom mais prosaico que as iniciais, as *suratas* desse período constituem o fundamento de todo o direito islâmico.

**Fontes.** Os muçulmanos não questionam as fontes do Alcorão e o consideram uma obra literalmente revelada. Outros estudos críticos apontam três fontes principais: tradições árabes, crenças judaicas e relatos cristãos, estes últimos transmitidos pelo contato pessoal com mercadores de passagem ou radicados entre os árabes, e não por textos bíblicos ou pela doutrina oficial. Moisés e Jesus Cristo, para Maomé, revelaram a mensagem de Deus, mas seus povos a desvirtuaram. Deus se teria revelado a Maomé para confirmar, emendar ou substituir as revelações anteriores.

**Comentários e traduções.** O texto do Alcorão tem caráter sagrado, até mesmo na grafia, de modo que deve ser recitado em árabe, mesmo quando o crente não entenda essa língua. Os muçulmanos se opuseram sempre a traduções, sobretudo para as línguas ocidentais. Até hoje exigem que, se realizadas, sejam acompanhadas do texto em árabe. Foi esse o caso, por exemplo, da edição trilingüe, em castelhano, latim e árabe, hoje perdida, feita pelo espanhol Juan de Segovia na primeira metade do século 15. Os fiéis usam os textos, artisticamente copiados, como relíquias ou amuletos.

Por outro lado, nem todas as interpretações atuais são seguras. Algumas prescrições se mostram contraditórias, e não é fácil afirmar qual seja seu sentido preciso. O fato de que, com freqüência, as *suratas* se limitem a mencionar os princípios islâmicos, sem articulá-los num conjunto doutrinal, também suscita divergências em torno de questões de lei e de dogma.

A veneração pelo texto, a par de sua dificuldade, deu origem a inumeráveis estudos filosóficos, gramaticais e enciclopédicos, tanto sobre o próprio Alcorão como sobre os textos da cultura árabe que pudessem esclarecê-lo. A crítica científica do século 19 contribuiu também com seus métodos e estudou as relações internas, a semântica e a cosmovisão subjacente ao livro. Posteriormente se chegou a uma classificação cronológica dos textos (Noldeke-Schwally-Blachère) de notável precisão. Os muçulmanos consideram o Alcorão a obra mais perfeita da literatura árabe, tão perfeita que seria impossível ter sido composta por homens.

**Ensinamentos do Alcorão.** A pregação de Maomé se baseia num monoteísmo absoluto. Existe um só Deus, criador, onipotente e misericordioso; um juízo final premiará os bons e castigará os pecadores, na vida extraterrena. A criação reflete o poder, a sabedoria e a autoridade de Deus, mas Deus é totalmente distinto da criação, embora nela esteja intimamente presente: "Mais próximo do homem que sua própria veia jugular".

O homem é como que o representante de Deus na criação, mas, apesar disso, ignorante e louco. É livre — à diferença do resto da criação — para seguir ou não a revelação e os mandamentos divinos; no entanto, também se salienta que Deus tem absoluto controle dos homens, o que se pode quase interpretar como predestinação.

O Alcorão não pretendeu ser um tratado teológico, mas ofereceu o fundamento sobre o qual filósofos e teólogos construíram sistemas coerentes, ainda que com as variedades correspondentes às interpretações de cada seita. A partir dessa base teológica, o Alcorão foi e continua a ser um código moral, social e político.

(In: *Enciclopédia Nova Barsa*, vol. 1, Encyclopaedia Britannica do Brasil Publicações, Rio de Janeiro / São Paulo, 1977.)

“A devoção não está no joelho que se dobra, mas no coração, que não se vê dobrar.”

*Matias Aires*

# Religião e ciência

*Albert Einstein*

Todas as ações e todas as imaginações humanas têm em vista satisfazer as necessidades dos homens e trazer lenitivo a suas dores. Recusar esta evidência é não compreender a vida do espírito e seu progresso. Porque experimentar e desejar constituem os impulsos primários do ser, antes mesmo de considerar a majestosa criação desejada. Sendo assim, que sentimentos e condicionamentos levaram os homens a pensamentos religiosos e os incitaram a crer, no sentido mais forte da palavra? Descubro logo que as raízes da idéia e da experiência religiosa se revelam múltiplas. No primitivo, por exemplo, o temor suscita representações religiosas para atenuar a angústia da fome, o medo das feras, das doenças e da morte. Neste momento da história da vida, a compreensão das relações causais mostra-se limitada e o espírito humano tem de inventar seres mais ou menos à sua imagem. Transfere para a vontade e o poder deles as experiências dolorosas e trágicas de seu destino. Acredita mesmo poder obter sentimentos propícios desses seres pela realização de ritos ou de sacrifícios. Porque a memória das gerações passadas lhe faz crer no poder propiciatório do rito para alcançar as boas graças de seres que ele próprio criou.

A religião é vivida antes de tudo como angústia. Não é inventada, mas essencialmente estruturada pela casta sacerdotal, que institui o papel de intermediário entre seres temíveis e o povo, fundando assim sua hegemonia. Com freqüência, o chefe, o monarca ou uma classe privilegiada, de acordo com os elementos de seu poder e para salvaguardar a soberania temporal, se arrogam as funções sacerdotais. Ou então, entre a casta política dominante e a casta sacerdotal se estabelece uma comunidade de interesses.

Os sentimentos sociais constituem a segunda causa dos fantasmas religiosos. Porque o pai, a mãe ou o chefe de imensos grupos humanos, todos enfim, são falíveis e mortais. Então a paixão do poder, do amor e da forma impele a imaginar um conceito moral ou social de Deus. Deus-Providência, ele preside ao destino, socorre, recompensa e castiga. Segundo a imaginação humana, esse Deus-Providência ama e favorece a tribo, a humanidade, a vida, consola na adversidade e no malogro, protege a alma dos mortos. É este o sentido da religião vivida de acordo com o conceito social ou moral de Deus. Nas Sagradas Escrituras do povo judeu manifesta-se claramente a passagem de uma religião-angústia para uma religião-moral. As religiões de todos os povos civilizados, particularmente dos povos orientais, se manifestam basicamente morais. O progresso de um grau ao outro constitui a vida dos povos. Por isto desconfiamos do preconceito que define as religiões primitivas como religiões de angústia e as religiões dos povos civilizados como morais. Todas as simbioses existem, mas a religião-moral predomina onde a vida social atinge um nível superior. Estes dois tipos de religião traduzem uma idéia de Deus pela imaginação do homem. Somente indivíduos particularmente ricos, comunidades particularmente sublimes se esforçam por ultrapassar esta experiência religiosa. Todos, no entanto, podem atingir a religião em um último grau, raramente acessível em sua pureza total. Dou a isto o nome de religiosidade cósmica e não posso falar dela com facilidade já que se trata de uma noção muito nova, à qual não corresponde conceito algum de um Deus antropomórfico.

O ser experimenta o nada das aspirações e vontades humanas, descobre a ordem e a perfeição onde o mundo da natureza corresponde ao mundo do pensamento. A existência individual é vivida então como uma espécie de prisão e o ser deseja provar a totalidade do Ente como um todo perfeitamente inteligível. Notam-se exemplos desta religião cósmica nos primeiros momentos da evolução em alguns salmos de Davi ou em alguns profetas. Em grau infinitamente mais elevado, o budismo organiza os dados do cosmos, que os maravilhosos textos de Schopenhauer nos ensinaram a decifrar. Ora, os gênios-religiosos de todos os tempos se distinguiram por esta religiosidade ante o cosmos. Ela não tem dogmas nem Deus concebido à imagem do homem, portanto nenhuma Igreja ensina a religião cósmica. Temos também a impressão de que os hereges de todos os tempos da história humana se nutriam com esta forma superior de religião. Contudo, seus contemporâneos muitas vezes os tinham por suspeitos de ateísmo, e às vezes, também, de santidade. Considerados deste ponto de vista, homens como Demócrito, Francisco de Assis, Spinoza se assemelham profundamente.

Como poderá comunicar-se de homem a homem

esta religiosidade, uma vez que não pode chegar a nenhum conceito determinado de Deus, a nenhuma teologia? Para mim, o papel mais importante da arte e da ciência consiste em despertar e manter desperto o sentimento dela naqueles que lhe estão abertos. Estamos começando a conceber a relação entre a ciência e a religião de um modo totalmente diferente da concepção clássica. A interpretação histórica considera adversários irreconciliáveis ciência e religião, por uma razão fácil de ser percebida. Aquele que está convencido de que a lei causal rege todo acontecimento não pode absolutamente encarar a idéia de um ser a intervir no processo cósmico, que lhe permita refletir seriamente sobre a hipótese da causalidade. Não pode encontrar um lugar para um Deus-angústia, nem mesmo para uma religião social ou moral: de modo algum pode conceber um Deus que recompensa e castiga, já que o homem age segundo leis rigorosas internas e externas, que lhe proíbem rejeitar a responsabilidade sobre a hipótese-Deus, do mesmo modo que um objeto inanimado é irresponsável por seus movimentos. Por este motivo, a ciência foi acusada de prejudicar a moral. Coisa absolutamente injustificável. E como o comportamento moral do homem se fundamenta eficazmente sobre a simpatia ou os compromissos sociais, de modo algum implica uma base religiosa. A condição dos homens seria lastimável se tivessem de ser domados pelo medo do castigo ou pela esperança de uma recompensa depois da morte.

É portanto compreensível que as Igrejas tenham, em todos os tempos, combatido a Ciência e perseguido seus adeptos. Mas eu afirmo com todo o vigor que a religião cósmica é o móvel mais poderoso e mais generoso da pesquisa científica. Somente aquele que pode avaliar os gigantescos esforços e, antes de tudo, a paixão sem os quais as criações intelectuais científicas inovadoras não existiriam, pode pesar a força do sentimento, único a criar um trabalho totalmente desligado da vida prática. Que confiança profunda na inteligibilidade da arquitetura do mundo e que vontade de compreender, nem que seja uma parcela minúscula da inteligência a se desvendar no mundo, devia animar Kepler e Newton para que tenham podido explicar os mecanismos da mecânica celeste, por um trabalho solitário de muitos anos. Aquele que só conhece a pesquisa científica por seus efeitos práticos vê depressa demais e incompletamente a mentalidade de homens que, rodeados de contemporâneos céticos, indicaram caminhos aos indivíduos que pensavam como eles. Ora, eles estão dispersos no tempo e no espaço. Aquele que devotou sua vida a idênticas finalidades é o único a possuir uma imaginação compreensiva destes homens, daquilo que os anima, lhes insufla a força de conservar seu ideal, apesar de inúmeros malogros. A religiosidade cósmica prodigaliza tais forças. Um contemporâneo declarava, não sem razão, que em nossa época, instalada no materialismo, reconhece-se nos sábios escrupulosamente honestos os únicos espíritos profundamente religiosos.

---

(In: *Como Vejo o Mundo,* Albert Einstein, Editora Nova Fronteira, Rio de Janeiro, 1981.)

EMERSON (Ralph Valdo) - Ensaísta, conferencista, filósofo e poeta norte-americano, nascido na cidade de Boston. Estudou em Harvard, com a expectativa paterna de se tornar ministro religioso. Por algum tempo Emerson exerceu a função de pastor em sua cidade natal. Contudo, uma divergência doutrinária fê-lo desistir e retirar-se da Igreja. Desenvolveu a filosofia transcendentalista, exposta em suas obras *Natureza*, *Ensaios*, *Sociedade* e *Solidão*, entre outras. Segundo consta, o transcendentalismo exerceu grande influência sobre a vida intelectual norte-americana do século 19. (1803 - 1882)

**"Quando nos harmonizamos com Deus, com o ser infinito, fonte inesgotável de todo o bem, nem a nossa mente, nem o nosso espírito se deterioram."**

# O centro zen

*Jacob Needleman*

Quando inicialmente tornou-se conhecido na América, o Zen Budismo trouxe associada consigo a imagem do professor ameaçador com sua estranha risada e suas respostas incompreensíveis, o explosivo momento de iluminação chamado *satori*, a espantosa irreverência e o desprezo pelo que fosse ligado à tradição e intelectual. Havia histórias de bofetadas e gritos. Havia os *koans*, superenigmas destinados a romper a tirania do pensamento. Do Oriente viera uma abordagem que torceu todos os nossos conceitos de religião. Nada de falas sobre moralidade, Deus, imortalidade, amor, dever, fé, sacrifício ou pecado. Nada de prescrições, nada de mandamentos, nada de julgamentos. Apenas o constante e insondável chamado para o homem ver em sua própria natureza.

Tentando entender tal abordagem, nossas mentes foram assaltadas por uma negação após outra e mergulhamos em um oceano do não-dito. Simplesmente não podíamos imaginar o que fosse o Zen. Nós nunca o aceitamos; ainda assim nunca realmente o rejeitamos.

Nem mesmo quando outros pareciam apreendê-lo tão rápida e facilmente — muito rapidamente e muito facilmente! Mesmo quando os *koans* e os poemas *haiku* viraram moda, quando a geração Beat agitava o Zen nas nossas caras e martelava nossas cabeças com ele, e quando muitos outros mais usavam-no como um chicote para bater em todos os cães, reais ou imaginários em nossa cultura e tradições — mesmo então o Zen em si mesmo (o que quer que fosse) retinha um lugar em nosso respeito.

Instintivamente, nós sentimos que havia uma diferença entre o Zen e aqueles que estavam gritando a seu respeito.

No mínimo as histórias Zen eram excelente teatro. O monge se empenhando e se esforçando por iluminação, os incontáveis obstáculos, os falsos sucessos, o desespero, a desesperança, e ainda assim a resistência, e então, finalmente, o clímax, *satori*! Tudo isso em carne e sangue; com espontaneidade, e um certo toque leve, resgatou a idéia de busca espiritual da melancolia. Mestres e monges não eram o que nós pintamos como os descarnados e algo inumanos místicos cristãos, e sua luta era por uma vida e vitalidade que nós por conta própria podíamos reconhecer e desejar. O Zen estava nos mostrando que a vida do espírito e sua realidade não eram menos, porém talvez mais interessante e dramática que nossas próprias vidas e a realidade em que vivíamos.

Discreta e persistentemente, os escritos de D. T. Suzuki e de uns poucos outros sobreviveram a seu longo brilho de popularidade para assumir um sólido lugar no pensamento importante de nosso tempo. O Zen tornou-se o paradigma da religião prática, de espírito rijo. Ele superou até os escritores existencialistas na sua impaciência para com o pensamento que não fosse estribado nas realidades do dia a dia e nas crises da vida. Foi mais longe que a psicanálise ao enfatizar a base emocional e experiencial do *insight**. Sobre a natureza era menos sentimental que o cientista mais positivista, ainda que, de um modo extraordinário, tão sensível e vivo para com a natureza quanto qualquer artista ou poeta entre nós.

De uma maneira até então sem precedentes, pessoas cuja orientação quanto à vida parecia mutuamente antagônica, todas buscaram inspiração na mesma fonte: humanistas tanto quanto psicólogos, cientistas tanto quanto artistas. Entre todas as suas incontáveis negações, o Zen nada rejeitava. Conseqüentemente, ninguém entre nós se sentia compelido a rejeitá-lo. O Zen não fez inimigos.

Na verdade, o lugar do Zen estava apenas em nossas mentes. Muito poucos de nós praticamo-lo, ou mesmo sonhamos em praticá-lo. Pelo que havíamos ouvido, isso significaria renunciar a tudo para ir para o Japão procurar, não sabíamos onde ou como, algum mosteiro e um professor que poderiam tanto rejeitar nosso pedido quanto exigir intoleráveis demonstrações de sinceridade. Havíamos ficado muito impressionados por histórias como aquela de um monge ao qual fizeram ficar de pé na neve durante meses antes de ser admitido.

Assim não sentimos necessidade de expulsar o Zen de nossas mentes quando vimos que não podíamos pô-lo em prática. Nós podíamos aceitá-lo sem esperar que o vivêssemos ou mesmo que o compreendêssemos. Dentro da psique individual, também, o Zen não fez inimigos.

---

* Vivência interior.

Alguns se lamentariam com isto, dizendo que ele estava *apenas;* em nossas mentes, mas o aspecto extraordinário, refletindo o gênio particular do Zen, foi que ele *ficou;* em nossas mentes sem nos incitar a fazer nada a respeito. Foi uma espécie de milagre que a abordagem Zen, a qual solapou tudo aquilo pelo que o mundo ocidental vivia, o encarasse tão pouco como um desafio, provocasse tão pouco no sentido de resistência e interpretação.

O modo com que o Zen apareceu no Ocidente é uma intimação do caminho que parece agir sobre os indivíduos que agora praticam-no na América. Talvez nós pudéssemos chamá-lo o método da não-violência intrapsíquica. No sentido de compreender algo sobre isto, é melhor olhar antes para o que é designado por Soto Zen, o tipo de Zen que agora se enraizou como prática na cidade de São Francisco e num estabelecimento monástico no meio do sertão da Califórnia.

## "Apenas sentado"

Há duas principais seitas de Zen: Rinzai e Soto. Ambas se apresentam como métodos por meio dos quais o indivíduo pode experimentar a verdade a respeito de sua própria natureza: que é, a qualquer instante, o completamente real. Sem esta experiência a vida humana é a todo momento produzida pela sensação de que alguma coisa necessária está faltando. Este é o estado de desejo. O que chamamos desejos, medos, sentimentos e pensamentos particulares associados a eles resultam deste estado básico. De acordo com o Budismo a única coisa que realmente falta ao homem é a experiência de que nada está faltando.

O homem não-iluminado é caracterizado pela falta de experiência do que é. Sua experiência do que é, do real, está misturada com pensamento que está a serviço do desejo. Este pensamento, ou julgamento, não é uma experiência, mas em si mesmo um aspecto do real. É também alguma coisa a ser experienciada. Mas o homem não-iluminado raramente, se alguma vez, dirige simplesmente para a experiência o seu pensamento ou seus sentimentos como tal. Assim, ele deseja, em vez de experienciar seus desejos. Ora, o desejo é parte do esforço para mudar o que existe, fazê-lo melhor, mais agradável, e assim por diante. O homem não-iluminado, portanto, nunca experiência a realidade.

De acordo com a tradição budista, há algo no homem que é capaz, quieta e diretamente, de experienciar em vez de desejar. Isto é chamado a natureza de Buda. A vida submersa no desejo e seus pensamentos podem em si mesmos ser experienciados. O despertar desta experiência é, deste modo, um importante elemento no que é chamado a realização da natureza de Buda. O Zen Budismo é um meio de ajudar o indivíduo a chegar a este despertar da experiência.

(...)

(In: *As Novas Religiões*, Jacob Needleman, Artenova, Rio de Janeiro, 1975.)

BUDA (Siddartha Gautama) - Líder espiritual do Oriente, nascido em Kapilavastu, no sopé do Himalaia, em território do atual Nepal. Filho do rei Suddhodana (reino dos Sakyas), despojou-se de sua fortuna para se dedicar a ensinar a Verdade. É considerado o fundador do Budismo. Não deixou nada escrito. (556 - 476 a.C.)

*"Assim como o oceano está impregnado de um só sabor, o sal, assim a minha doutrina está impregnada de um só sabor — a liberdade."*

# Maria Madalena

*Gibran Khalil Gibran*

## Do primeiro encontro com Jesus

Foi no mês de junho que O vi pela primeira vez. Ele caminhava pelo trigal quando passei por perto com minhas damas de companhia, e Ele estava sozinho.

O ritmo do Seu andar era diferente do andar dos outros homens, e o movimento do Seu corpo não se assemelhava a nada que eu já tivesse visto antes.

Os homens não caminham sobre a terra daquela maneira. E mesmo agora não sei se ele andava depressa ou devagar.

Minhas companheiras apontaram o dedo para Ele e conversaram umas com as outras num sussurro acanhado. Parei meu passo por um momento, e levantei a mão para saudá-Lo. Mas Ele não voltou a face, e não me olhou. E eu odiei-O. Senti-me impelida para dentro de mim mesma, e tinha frio como se tivesse estado num banho de neve. E tremia.

Naquela noite, vi-O em meu sonho; e disseram-me, depois, que eu gritava dormindo e me agitava no leito.

Foi no mês de agosto que O vi novamente, através da minha janela. Estava sentado à sombra do cipreste, em meu jardim, e estava imóvel como se tivesse sido talhado na pedra como as estátuas de Antioquia ou outras cidades do País do Norte.

E minha escrava, a egípcia, veio até mim e disse: "Aquele homem está novamente aqui. Está sentado ali, em vosso jardim."

E olhei para Ele, e minha alma estremeceu dentro de mim, pois Ele era belo.

Seu corpo era perfeitamente coordenado, e cada parte parecia amar cada outra parte.

Então, vesti-me com vestidos de Damasco, deixei minha casa e dirigi-me para Ele.

Seria a minha solidão, ou seria Sua fragrância, que me impelia para Ele? Era uma fome em meus olhos que desejava a beleza ou era Sua beleza que buscava a luz dos meus olhos? Ainda hoje não o sei.

Caminhei para Ele com meus vestidos perfumados e minhas sandálias douradas, as sandálias que o capitão romano me deu, sim, estas mesmas sandálias. Quando O alcancei, disse-Lhe: "Bom dia para vós".

E Ele disse: "Bom dia para ti, Miriam".

E olhou para mim, e Seus olhos-de-noite me viram como nenhum outro homem jamais me tinha visto. Subitamente, senti-me como se estivesse despida, e fiquei envergonhada.

Entretanto, Ele apenas dissera: "Bom dia para ti, Miriam".

E então eu Lhe disse: "Não quereis entrar em minha casa?"

E Ele disse: "Já não estou em tua casa?"

Eu não sabia o que Ele queria dizer com isso, mas agora sei.

E eu disse: "Não quereis servir-vos de pão e vinho comigo?"

E Ele disse: "Sim, Miriam, mas não agora".

*Não agora, não agora,* disse Ele. E a voz do mar estava nestas duas palavras, e a voz dos ventos e das árvores. E quando Ele mas disse, a vida falou à morte.

Pois imagina, meu amigo, eu estava morta. Era uma mulher que se tinha divorciado de sua alma. Estava vivendo à parte deste Eu que agora estás vendo. Pertencia a todos os homens, e a nenhum. Chamavam-me prostituta e mulher possuída por sete demônios. Eu era amaldiçoada, e era invejada.

Mas quando Seus olhos de aurora olharam dentro dos meus olhos, todas as estrelas de minha noite desvaneceram-se e tornei-me Miriam, somente Miriam, uma mulher perdida para a terra que tinha conhecido, e encontrando-se em novos lugares.

E eu Lhe disse: "Entrai em minha casa e partilhai comigo o pão e o vinho".

E Ele disse: "Por que me convidas para ser teu hóspede?"

E eu disse: "Rogo-vos que entreis em minha casa". E era tudo o que era terra em mim e tudo o que era céu em mim chamando por Ele.

Então, Ele olhou-me, e o meio-dia dos Seus olhos estavam sobre mim, e Ele disse: "Tu tens muitos amantes, e entretanto só eu te amo. Os outros homens amam a si mesmos, quando te procuram. Eu te amo por ti mesma. Os outros homens vêem em ti uma beleza que desaparecerá mais cedo do que seus próprios anos. Mas Eu vejo em ti uma beleza que não esmaecerá e, no outono dos teus dias, essa beleza não terá receio de olhar-se no espelho, e não será ofendida. Somente eu amo o que não se vê em ti."

Depois, Ele disse numa voz suave: "Vai embora agora. Se este cipreste é teu, e não quiseres que me sente à sua sombra, prosseguirei meu caminho."

E gritei para Ele e disse-lhe: "Mestre, entra em minha casa. Tenho incenso para queimar para ti, e uma bacia de prata para teus pés. Tu és um estranho e, entretanto, não és um estranho. Peço-te, vem à minha casa."

Então Ele levantou-se e olhou-me, como as estações devem olhar para os campos, e sorriu. E disse novamente: "Todos os homens te amam por si mesmos. Eu te amo por ti mesma."

E então afastou-se, caminhando.

Mas nenhum outro homem jamais caminhou da maneira como Ele caminhava. Era uma brisa nascida no meu jardim que se movia para o leste? Ou era uma tempestade que abalaria todas as coisas até seus alicerces?

Eu não sabia, mas naquele dia o poente de Seus olhos matou o dragão que havia em mim, e eu me tornei uma mulher, tornei-me Miriam, Miriam de Mijdel.

(In: *Jesus, o Filho do Homem*, Gibran Khalil Gibran, Editora Civilização Brasileira, Rio de Janeiro, 1965.)

“*Todo homem precisa crer, ainda que seja apenas por algum tempo, que a sua vida tem um sentido e um valor.*”

*George Gusdorf*

# Experiência de Deus — e nada mais!

*Huberto Rohden*

Nada há no mundo que possa libertar o homem e a humanidade da insegurança do seu destino e dar-lhe uma sólida razão de ser. Nem o mais verdadeiro e mais alto conceito de Deus — oriental ou ocidental, cristão ou pagão, judeu, católico, protestante ou muçulmano — nada pode libertar o homem da permanente insegurança e incerteza do seu destino, nada, exceto uma coisa só — a *experiência direta de Deus*. Esta, sim, põe termo final a todas as incertezas e angústias, a todas as dúvidas e infelicidades. Enquanto não houver no mundo número suficiente de homens que tenham experiência de Deus, nenhuma mudança ponderável será possível no seio da humanidade.

Há milhares de anos que há religiões no mundo, centenas e centenas, mas nenhuma religião, antiga ou moderna, conseguiu dar paz e felicidade à humanidade como tal, embora alguns homens individuais tenham alcançado essa felicidade.

A experiência de Deus é um fenômeno essencialmente *individual*, místico, e nunca social; não existe nenhuma religião organizada que possa dar ao homem essa experiência. O próprio cristianismo, assim como ele é conhecido através da história, não pode dar ao homem essa experiência. O Cristo não fundou o Cristianismo por nós conhecido; não organizou nenhuma igreja no sentido social — mostrou o caminho individual por onde cada ser humano pode adquirir a experiência íntima de que "eu e o Pai somos um... eu estou no Pai e o Pai está em mim". *Ekklesía* (em latim *ecclesia*, em português *igreja)* é um termo grego não de massa, mas de elite. A verdadeira *Ekklesía* (de *ek-kaléo*, evocar) consta de pequena escola ou elite dos que foram "evocados", selecionados da grande massa anônima dos profanos; os que ficaram individualmente vocados ou chamados pela graça para um contato especial com a Divindade; são os "iniciados nos mistérios do reino de Deus".

As religiões sociais, organizadas, são necessárias para reprimir, na medida do possível, o egoísmo humano desencadeado pelo despertamento do ego fisico-mental-emocional, pela *persona* do ego. Mas o papel da religião social não é dar ao homem a experiência de Deus, que é um fenômeno essencialmente individual, místico, inacessível a qualquer organização.

As religiões organizadas, ético-sociais, têm dado à humanidade muitas coisas boas — moralidade, caridade, assistência social, literatura, música, pintura, arte em geral —, mas nenhuma religião deu, nem jamais dará ao homem, aquilo de que ele mais necessita, a "única coisa necessária", a experiência de Deus. Quando o homem tem essa experiência, pode dispensar todas as outras coisas como supérfluas ou secundárias; se não tem essa experiência, nenhuma dessas outras coisas resolve o problema central da sua existência.

O problema central da existência humana é *ser feliz*. Mas essa felicidade não deve depender de algo que não dependa dele; não deve ser criada por circunstâncias externas, mas deve brotar da profundeza interna do próprio homem. Felicidade, ou pseudofelicidade, criada por circunstâncias externas, pode ser também destruída por essas circunstâncias; é precária e incerta, e por isso não é verdadeira e duradoura felicidade.

Ser feliz vem de ser bom.

Mas há dois modos de ser bom: pode o homem ser *sacrificialmente bom* — e pode ser *jubilosamente bom*. Somente este segundo tipo de ser bom é que resolve, definitivamente, o problema central da felicidade humana. Enquanto o ser bom ainda for difícil, amargo, sacrificial, está o homem a caminho da felicidade, mas ainda não é solidamente feliz. Enquanto o *homem da terra* não fizer a vontade de Deus assim como o fazem os *homens dos céus* — isto é, espontânea e jubilosamente não está garantida a felicidade do homem.

Mas esse cumprimento da vontade de Deus, assim na terra como nos céus, é impossível ao homem que não tenha experiência íntima e direta de Deus — porque essa experiência de Deus coincide com a experiência do verdadeiro Eu do próprio homem. Se é verdade que esse Eu central do homem é "o espírito de Deus que habita no homem", no dizer de São Paulo, ou "o reino de Deus dentro do homem", então a experiência do nosso divino Eu é a experiência do próprio Deus. O Deus *imanente no homem* é o Deus *transcendente do Universo*.

O homem que chega a essa experiência vital

chegou ao conhecimento da verdade — da verdade libertadora.

E só esse homem é sólida e irrevogavelmente feliz.

Sem essa experiência o homem é infeliz, no meio de todos os seus gozos.

Com essa experiência o homem é feliz, mesmo no meio de sofrimentos.

Felicidade ou infelicidade são estados do Eu central, são algo que o homem é, e não algo que ele apenas *tenha*.

A perfeita harmonia do Eu humano com a Realidade divina é a felicidade.

Somente o homem, individualmente, se pode fazer feliz ou infeliz.

(In: *A Experiência Cósmica*, Huberto Rohden, Editora Martin Claret, São Paulo, 1997.)

MAHATMA GANDHI - Líder político e espiritual da Índia cuja sabedoria e postura humanista tornaram-no conhecido no mundo inteiro. Por meio da filosofia da não-violência, libertou a Índia do colonialismo britânico. Nasceu em Porbandar (Estado de Kathiavar), no norte da Índia. Estudou Direito em Londres. Escreveu mais de duas centenas de livros sobre religião, saúde e política. Sua obra mais conhecida é a autobiografia *Minha Vida e Minhas Experiências com a Verdade*. Por razões políticas foi assassinado em 1948, em Nova Délhi (1869-1948).

“Jesus crucificado não é rejeitado. Pelo contrário. Ele é aquele que carrega o peso da humanidade e nos indica o caminho para Deus.”

# A inofendibilidade do Mahatma Gandhi

*Huberto Rohden*

Tempos atrás, quando li sobre a *brahmacharya* de Gandhi, considerava eu esse voto de abstenção sexual como o apogeu da heroicidade do místico libertador de si mesmo e da Índia.

Mais tarde, porém, descobri que há na vida de Gandhi uma heroicidade ainda maior: a sua perfeita *inofendibilidade*.

Pelo fim da sua existência terrestre, atingiu o Mahatma um estágio evolutivo para além do *vingar* dos viciosos e para além do *perdoar* dos virtuosos; conseguiu não ser atingido por ofensa alguma; conseguiu total imunidade contra as bactérias projetadas por qualquer ofensor; conseguiu não se sentir mais ofendido, tornar-se absolutamente inofendível.

O homem que atingiu essas alturas da inofendibilidade, dá prova de ter ultrapassado a pequena ego-consciência humana e ter entrado na grande cosmo-consciência divina.

O único teste válido de uma verdadeira iniciação no mundo da cosmo-consciência é o fato de alguém ser totalmente imunizado contra qualquer sentimento de ofendismo crônico e de ofendite aguda. Enquanto o homem se move ainda no plano horizontal do ego, mesmo do ego virtuoso, é ele alérgico e vulnerável em face de ofensas e injustiças, e só pode assumir uma das duas alternativas do homem profano: ou vingar-se — ou perdoar ao ofensor. O ego é como a água, sempre nivelada horizontalmente; toda a água, quando deitada num recipiente impuro, se torna impura. Nenhum ego pode conservar-se puro, indene de contaminação, em face de ofensas. Embora o ego virtuoso seja melhor que o ego vicioso, é uma ilusão que o ego virtuoso seja puro e incontaminável; o simples fato de o homem virtuoso perdoar ao ofensor é prova de que ele se sentiu ofendido; se não se sentisse ofendido, não teria nada que perdoar. E sentir-se ofendido é ser contaminado pelo ambiente do ego ofensor. Toda a perdoação prova contaminação.

Quando, porém, o homem transcende a horizontalidade aquática do ego humano e entra na verticalidade da luz do Eu divino, então — adeus contaminabilidade! Adeus alergia das circunstâncias ofensivas! Esse homem está para além de vingança e perdoação. Não existe luz impura. Pode a luz entrar nas maiores impurezas, ela sairá sempre pura como entrou.

E não dizia o maior dos Mestres: "Vós sois a luz do mundo"?

Quando o homem supera o ego ofendível e entra no Eu inofendível, então, e só então, atingiu ele as alturas da sua completa e definitiva libertação.

Pelo fim da vida, foi Gandhi interrogado se havia perdoado todas as ofensas que recebera da parte de seus ofensores, e o Mahatma pôde responder com verdade: "Nada tenho que perdoar, porque nunca ninguém me ofendeu".

O velho ego ofendível de Gandhi estava morto, desintegrado em si mesmo e integrado no novo Eu inofendível do Mahatma. E por isto, nada tinha o Mahatma que perdoar. Morto estava o ego com todas as suas ofendibilidades.

* * *

O maior feito de Gandhi não foi a libertação da Índia da tirania dos ingleses — o maior feito do Mahatma foi a libertação de si mesmo da tirania do seu próprio ego. Grande foi a sua libertação corporal pela *brahmacharya* — incomparavelmente maior, porém, foi a libertação do seu ego-mental-emocional pela conquista da perfeita inofendibilidade.

(In: *Mahatma Gandhi,* Huberto Rohden, Editora Martin Claret, São Paulo, 1998.)

BOSSUET (Jacques-Bénigne) - Bispo da Igreja Católica e escritor, nasceu em Dijon, França. Graças ao dom da oratória e à sólida formação teológica, foi uma das personalidades mais influentes em assuntos religiosos, políticos e culturais da França, na segunda metade do século 17. Além de bispo de Condon, foi também tutor do príncipe herdeiro, em 1670, e membro da Academia Francesa. Suas obras mais importantes são: *Exposition de la Doctrine de l'Eglise Catholique Sur les Matières de Controverse* e *Politique Tirée des Propes Paroles de l'Ecriture Sainte.* (1627 - 1704)

**“Caridade, eis o resumo de toda a cristandade.”**

# Teologia da libertação

*Nova Enciclopédia Barsa*

A experiência cotidiana das comunidades cristãs latino-americanas que combatem as injustiças econômicas, sociais, culturais e políticas, está na origem da chamada teologia da libertação.

A teologia da libertação constitui uma nova interpretação da mensagem evangélica, à luz da injustiça social. Apesar do nome, não é propriamente uma teologia, no sentido de reflexão sobre Deus. Suas raízes podem ser encontradas no movimento denominado teologia política, surgido na Europa na década de 1970, depois que o Concílio Vaticano II (1962-1965), examinou o problema das relações entre a igreja e o mundo moderno. A característica mais inovadora do movimento foi encarar os problemas políticos como base para a interpretação dos textos bíblicos.

Reunida na cidade colombiana de Medellin, em 1968, a Conferência Episcopal Latino-Americana (Celam) foi o grande impulso da teologia da libertação. Analisando a situação social do continente, os bispos consideraram que a igreja tinha como missão continuar a obra de Cristo, enviado ao mundo para "libertar todos os homens de todo tipo de escravidão a que os tenha sujeitado o pecado, a ignorância, a fome, a miséria, a opressão e, numa palavra, a injustiça e o ódio, que têm sua origem no egoísmo humano". A conferência pediu uma teologia e uma catequese que oferecessem "a possibilidade de uma libertação plena e a riqueza de uma salvação integral em Cristo, o Senhor". Entre os principais teólogos que a iniciaram e desenvolveram, citem-se Gustavo Gutiérrez, Hugo Assmann, Leonardo Boff, J. L. Segundo, Porfirio Miranda, José M. Bonino, J. B. Libânio, Segundo Galilea, Eduardo Pironio e A. López Trujillo.

O eixo da teologia da libertação é a figura do Cristo libertador, que veio libertar os homens não apenas do pecado, mas também de todas as suas conseqüências, inclusive as injustiças. Seu método hermenêutico deixa de lado as categorias idealistas tradicionais e emprega categorias históricas. A mensagem de salvação é interpretada à luz das opressões de que o homem precisa ser libertado. Ao narrar a libertação dos hebreus do cativeiro no Egito e sua marcha para a Terra Prometida, o Êxodo é a imagem bíblica da mensagem da salvação, e a história sagrada não é algo distinto da história da humanidade ou superposto à ela, mas sim a intervenção de Deus. Um outro elemento importante da teologia da libertação é o método de análise marxista.

(In: *Nova Enciclopédia Barsa*, vol.14, Encyclopaedia Britannica do Brasil Publicações, Rio de Janeiro/São Paulo, 1997.)

DOSTOIEVSKI (Fedor Mikailovich) - Escritor russo do século passado. Ao ler a obra de Balzac - *A Comédia Humana* - Dostoievski sentiu o desejo de escrever uma comédia russa. A vida de Dostoievski foi pautada de episódios dramáticos, e isso veio a influenciar sua obra literária. A força dramática de seus livros, por vezes, é comparada à força dramática das obras shakesperianas. Jovem ainda, envolveu-se com manifestações políticas na Rússia, o que o levou à prisão com trabalhos forçados na Sibéria. Entre suas obras célebres destacam-se *Os Irmãos Karamazov* e *Crime e Castigo*. (1821-1881)

"Há na Terra uma única idéia superior: a imortalidade da alma."

# Teosofia

*Nova Enciclopédia Barsa*

A partir de diferentes fontes e práticas, que vão do esoterismo ao hinduísmo, a teosofia busca conhecer a divindade e elevar o espírito humano até ela.

Teosofia é a denominação genérica dada a doutrinas que se caracterizam pela busca de um conhecimento de Deus e das coisas divinas a partir do aprofundamento da vida interior. Pretende obter tal conhecimento por via diferente daquela empregada pelos métodos racionalistas ou experimentais. Como sistema de pensamento sincrético reúne, com base no hinduísmo e budismo, todas as religiões, a filosofia e as ciências, mas sem desprezar as aspirações místicas que se estendem pelas ciências ocultas.

A meta da especulação e prática teosófica é, em última análise, a substituição de todas as religiões pela abertura de horizontes místicos inexplorados, de modo a formular novas regras de conduta. Propõe-se a dar, mediante o exercício ascético, a meditação, etc., uma sabedoria na adoção da conduta de vida que permita pôr em ação forças secretas e ignoradas da natureza humana, no que difere da teologia.

Como grupo organizado, a Sociedade Teosófica foi fundada em 1875 por Helena Petrovna Blavatski e Henry Steel Olcott. Seus fundadores haviam praticado o ocultismo e o espiritismo e se propuseram a formular a síntese das verdades esotéricas — ocultas — de todas as religiões. Ambos mudaram-se para a Índia e estabeleceram a sede de sua ordem em Adyar, perto de Madras. Helena Blavatski publicou algumas obras, entre as quais *Ísis Unveiled* ( 1877; *Ísis desvelada)*, *The Secret Doctrine* (1888; *A doutrina secreta)* e *The Key to Theosophy* (1889; *A chave da teosofia).* Sua sucessora, Annie Besant, ao assumir a direção da Sociedade Teosófica, estimulou o renascimento dos valores do hinduísmo e proclamou Jiddu Krishnamurti como mestre universal. O movimento teosófico atual praticamente identifica-se com a Sociedade Teosófica

O grupo americano, dirigido por William Q. Judge, separou-se do círculo original e conheceu novas secessões. O ramo europeu da Sociedade Teosófica foi dirigido por Rudolf Steiner, que se aproximou do cristianismo e criou a antroposofia, teoria que defende a existência de um mundo espiritual apenas acessível às faculdades superiores do conhecimento latentes em todo homem.

No Brasil, os teosofistas estão divididos em dois grupos: a Sociedade Teosófica do Brasil, fundada em 1919 e filiada à Sociedade Teosófica Mundial, e a Sociedade Teosófica Brasileira, criada em 1921, com sede em São Lourenço, MG.

(In: *Enciclopédia Nova Barsa,* vol. 14, Encyclopaedia Britannica do Brasil Publicações, Rio de Janeiro/São Paulo, 1977.)

JESUS DE NAZARÉ (O Cristo) - Fundador da religião cristã e marco cultural da civilização moderna. Nasceu na aldeia de Nazaré. Não deixou nada escrito. Sua vida é contada pelos evangelistas e constitui a essência do Novo Testamento. Ensinava por parábolas e aforismos. Acusado de traição contra o império romano e os religiosos da época, foi condenado e morreu crucificado entre 34 a 37 d.C. É considerado pelo cristianismo como a maior personalidade da história da Humanidade.

“O reino de Deus está dentro de vós.”

# O Deus interno: a mais velha heresia

*Marilyn Ferguson*

Na tradição espiritual emergente, Deus não é o personagem do catecismo, porém, de modo mais aproximado, a dimensão descrita por William James:

> Os limites mais avançados de nosso ser mergulham, ao que me parece, em uma outra dimensão de existência completamente diferente do mundo sensível e meramente "compreensível". Nós pertencemos a ele em um sentido mais íntimo do que aquele em que pertencemos ao mundo visível, pois pertencemos, no sentido mais íntimo, ao que quer que pertençam nossos ideais...
> Darei a essa parte mais elevada do Universo o nome de Deus.

Deus é experiência, é fluxo, integralidade, o infinito caleidoscópio da vida e da morte, a Causa Suprema, a terra do ser a que Alan Watts chamou de "o silêncio do qual emanam todos os sons". Deus é a consciência que se manifesta como *lila*, a ação do

Universo. Deus é a matriz organizada que podemos experimentar, mas não descrever, que dá vida à matéria.

No conto de J. D. Salinger, "Teddy", um jovem espiritualmente precoce lembra sua experiência com o Deus imanente enquanto olha sua irmãzinha tomar leite. "... De repente percebi que ela era Deus e o *leite* era Deus. Isto é, tudo o que ela estava fazendo era despejar Deus dentro de Deus..."

Uma vez que se tenha chegado à essência da experiência religiosa, perguntou *Meister* Eckhart, para que se terá necessidade da forma? "Ninguém pode conhecer Deus antes que tenha conhecido a si mesmo", disse Eckhart a seus seguidores medievais. "Vá até as profundezas do espírito, o lugar secreto... às raízes, às alturas; tudo o que Deus pode fazer se encontra ali concentrado."

O teólogo inglês John Robinson escreve sobre um "universo envolto em seda, espírito e matéria, por dentro e por fora, divino e humano, tremeluzente como os aspectos de uma realidade que não pode ser esperada ou dividida". Para Alfred North Whitehead, cuja influência cresceu como a maré cheia nos anos recentes, Deus é "a imagem ao espelho do arcabouço do mundo [material]. O mundo é incompleto; por sua própria natureza, ele necessita de uma essência na base de todas as coisas, a fim de completá-lo. Essa essência é Deus, a natureza primordial."

Buckminster Fuller procurou capturar a noção de Deus como um processo:

Pois Deus, para mim, parece
é um verbo
não um substantivo,

próprio ou impróprio;
é a articulação
não a arte...
é amor não a abstração do amor...

Sim, Deus é um verbo,
o mais ativo, significando a vasta reordenação
harmônica do Universo
de um desencadeado caos de energia.

Não precisamos postular um objetivo para essa Suprema Causa, nem imaginar quem ou o que provocou o que quer que seja que a Grande Explosão lançou no Universo visível. Há apenas a experiência. Para Kazantzakis, Deus era o todo supremo da consciência no Universo, expandindo-se através da evolução humana. Na experiência mística, há a presença sensível de um amor abrangente, de compaixão, de poder. Indivíduos que reviveram depois de mortes clínicas por vezes descrevem passagens através de um túnel escuro até uma luz extraterrena que parece emitir amor e compreensão. É como se a própria luz fosse uma manifestação da mente universal.

As experiências místicas quase sempre levam as pessoas a acreditar que alguns aspectos da consciência são imperecíveis. Em uma metáfora budista, a consciência do indivíduo é como uma chama que queima na noite. Não é a mesma chama todo o tempo, mas também não é uma outra chama.

(In: *A Conspiração Aquariana,* Marilyn Ferguson, Editora Record, Rio de Janeiro, 1985.)

“Todos os homens são iguais por natureza, feitos do mesmo barro, pelo mesmo Criador; embora nos iludamos, tanto é estimado por Deus o camponês pobre quanto o príncipe poderoso.”

*Platão*

MARTIN CLARET - Empresário, editor e jornalista. Nasceu na cidade de Ijuí, RS. Presta consultoria a entidades culturais e ecológicas. Na indústria do livro inovou, criando o conceito do livro-*clipping*. É herdeiro universal da obra literária do filósofo e educador Huberto Rohden. Está escrevendo o livro *O Infinito Jogo da Vida — Novas Tecnologias para Atualização do Potencial Humano*. (1928 -      )

**“A suprema experiência existencial do ser humano é a experiência de Deus.”**

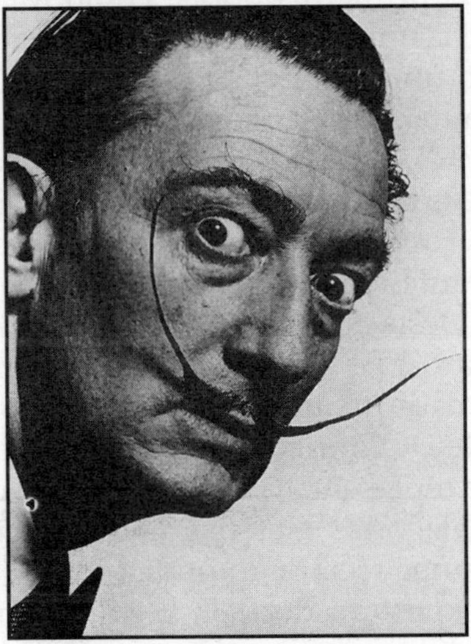

# Salvador Dalí
## (1452-1519)

As excentricidades e declarações provocadas fizeram de Salvador Dalí uma das figuras mais polêmicas da arte contemporânea, mas não impediram que sua obra fosse reconhecida como uma das mais audaciosas e apuradas da pintura surrealista.

Salvador Felipe Jacinto Dalí nasceu em Figueras, Catalunha, na Espanha, em 11 de maio de 1904. Desde cedo revelou talento para o desenho e o pai, um tabelião, mandou-o a Madri para estudar na Escola de Belas-Artes de San Fernando, da qual seria expulso anos depois. Na capital espanhola conheceu o cineasta Luis Buñuel e o poeta Federico García Lorca. Suas primeiras obras, como *Moça à Janela*, enquadradas numa linha naturalista e minuciosa, já produziam uma ambígua sensação de irrealidade, que se acentuaria posteriormente.

Em 1928, persuadido pelo pintor catalão Joan Miró, transferiu-se para Paris e aderiu ao movimento surrealista. Foi por essa época que conheceu a mulher do poeta Paul Éluard, Gala, sua futura companheira e modelo. Desta época destaca-se uma de suas melhores obras: *A Persistência da Memória*, onde exibia um estilo maduro que, embora mostrasse certas influências de De Chirico, atestava absoluta originalidade como representação de um mundo onírico, povoado de alegorias metafísicas e imagens sexuais, apoiadas numa técnica apurada.

Sua exposição de 1933 lhe deu fama internacional e Dalí lançou-se, então, a uma vida social repleta de provocações e excentricidades. Essa atitude provocou sua expulsão do grupo surrealista. Durante esse período, adotou o "método de interpretação paranóico-crítico", baseado nas teorias da psicanálise, associando elementos delirantes e oníricos numa linguagem pictórica realista, com freqüentes imagens duplas e objetos do cotidiano, como em *Praia com Telefone*, *Canibalismo de Outono* e *O Sono*.

Durante a segunda guerra mundial, Dalí radicou-se nos Estados Unidos, perto de Hollywood, e colaborou em alguns filmes. No final da década de 1940, regressou à Espanha e deu início a uma fase inspirada em obras-primas de pintores do passado, como *A Última Ceia*, de Leonardo da Vinci, *As Meninas*, de Velázquez, *Angelus*, de Millet, *A Batalha de*

*Tetuan*, de Meissonier, e *A Rendeira*, de Vermeer de Delft, seu pintor favorito.

Posteriormente, alternou a pintura com o desenho de jóias e a ilustração de livros. Enquanto isso, sucediam-se as retrospectivas de sua obra pelo mundo (Nova York, 1966; Paris, 1979; Madri, 1982) e, à medida que diminuíam suas aparições públicas, a polêmica dava lugar à renovação do interesse por sua pintura.

Em 1974 foi inaugurado em Figueiras o Museu Dalí. Oito anos depois morreu Gala, fato que incidiu negativamente sobre a sua atividade artística. Em 23 de janeiro de 1989, na mesma Figueras natal, morreu Salvador Dalí.

# Última mensagem

*Martin Claret*

Este livro-*clipping* é uma experiência
educacional. Ele vai além da
mensagem explícita no texto.
É um livro "vivo" e transformador.
Foi construído para, poderosamente,
reprogramar seu cérebro com informações
corretas, positivas e geradoras de ação.
O grande segredo para usá-lo com eficácia é a
aplicação da mais antiga pedagogia ensinada
pelos mestres de sabedoria de todos os tempos:
A REPETIÇÃO.
Por isto ele foi feito em formato de bolso,
superportátil, para você poder carregá-lo
por toda parte, e lê-lo com freqüência.
Leia-o, releia-o e torne a relê-lo, sempre.
Invista mais em você mesmo.
Esta é uma responsabilidade e
um dever somente seus.
Genialize-se!